Sobrio en un Mundo de Ebrios:

Renunciando al alcohol

El inesperado atajo para encontrar la felicidad, la salud y la libertad financiera

Por Sean Alexander

© **Copyright - Todos los derechos reservados.**

El contenido de este libro no puede ser reproducido, duplicado o transmitido sin el permiso directo por escrito del autor o del editor.

Bajo ninguna circunstancia se podrá culpar o responsabilizar legalmente a la editorial o al autor, por cualquier daño, reparación o pérdida monetaria de forma directa o indirectamente debido a la información contenida en este libro. Usted es responsable de sus propias elecciones, acciones y resultados.

Aviso legal:

Este libro está protegido por derechos de autor. Este libro es solo para uso personal. No se puede modificar, distribuir, vender, utilizar, citar o parafrasear ninguna parte, ni el contenido de este libro, sin el consentimiento del autor o del editor.

Aviso de exención de responsabilidad:

Tenga en cuenta que la información contenida en este documento es solo para fines educativos y de entretenimiento. Se ha hecho todo lo posible para presentar una información precisa, actualizada, fiable y completa. No se declaran ni se implican garantías de ningún tipo. Los lectores reconocen que el autor no ofrece asesoramiento jurídico, financiero, médico o profesional. El contenido de este libro procede de diversas fuentes. Consulte a un profesional autorizado antes de poner en práctica las técnicas descritas en este libro.

Al leer este documento, el lector acepta que, bajo ninguna circunstancia, el autor es responsable de cualquier pérdida, directa o indirecta, como resultado del uso de la información contenida en este documento, incluyendo, pero no limitado a: errores, omisiones o inexactitudes.

A mamá y papá:
A pesar de todos los vómitos, los taxis nocturnos, las deudas con los "camellos" y el caos de borrachera que provoqué, siempre me amaron y apoyaron. ¡Este libro solo fue posible porque me mantuvieron vivo y fuera de la cárcel!

Tabla de contenido

Introducción   1

Capítulo 1:
El Resplandor de la Sobriedad   **27**
    Transformación corporal: El método de la sobriedad   30
    Wow, pareces 10 años más joven   51
    Pedos sin alcohol   55
    Temblores, sudores y alucinaciones (signos de alcoholismo)   61
    Deja de perder el control   66
    Hacer estupideces   77

Capítulo 2:
La Libertad Financiera de la Sobriedad   **83**
    El costo de las resacas   84
    El bono de la sobriedad- £506.898 ($689.381)   90

Capítulo 3:
Relaciones en sobriedad   **99**
    El sacrificio de la sobriedad   100
    Citas en sobriedad   108
    ¿De verdad te gusta tu otra mitad?   113
    Sexo sin alcohol   116
    Paternidad con resacas   120
    Dinámicas familiares aleccionadoras   124

Capítulo 4:
El Efecto Compuesto de la Sobriedad   **130**
    Las resacas cuestan tiempo   131
    El Efecto Coach de Vida   134
    Pedir ayuda   137
    Logros sin alcohol   143

Capítulo 5:
El Despertar de la Sobriedad   **148**
  ¿Qué es la espiritualidad?   151
  Soluciones espirituales para existencias sin alma   153

Capítulo 6:
La Sobriedad NO es Aburrida   **166**
  Redefine la "diversión"   169
  Socialización en sobriedad, aficiones y vacaciones   171

Capítulo 7:
El Trabajador Sobrio   **180**
  Alcohol y trabajo: la receta para el desastre   183
  Despega tu carrera como un cohete   186

Capítulo 8:
El mundo de los ebrios   **192**
  Pongámonos hasta el culo   196
  Eres tu entorno   208

Conclusión   **215**
  Deja una reseña con solo un clic   222
  Referencias bibliográficas, citas y recursos   223

Introducción

Imagina enseñar a los niños que una de las cosas más emocionantes de convertirse en adulto es poder consumir drogas.

Imagina convencerlos de que es normal que las grandes noches de diversión den lugar a mañanas temblorosas y ansiosas con fuertes dolores de cabeza, carteras vacías y, tal vez, incluso vómitos en la cama.

Imagina que les explicas que, para pasar unas vacaciones "de niño grande", los adultos pueden acabar acostándose con gente que no les gusta, peleándose o despertándose en una celda. Puede que ni siquiera se acuerden de nada.

No te preocupes, son "efectos secundarios" normales.

Suena mal, porque ESTÁ mal.

Y eso que aún no hablamos de drogas ilegales, sino de alcohol, que es socialmente aceptable. Es la droga que los niños ven consumir a todo el mundo, desde sus padres hasta sus celebridades favoritas. Es el centro de atención de funerales, cumpleaños, Navidades, vacaciones, bodas, bautizos, divorcios, malas rupturas, citas, buenas semanas en el trabajo, malas semanas en el trabajo, conseguir un nuevo trabajo, dejar un antiguo trabajo, una copa antes del partido, después del partido y probablemente durante el partido. La lista es interminable.

Vivimos en un mundo de borrachos.

El alcohol está en todas partes y lo ha estado durante siglos. La sociedad nos enseña que el champán significa celebración, que un día festivo es un momento aceptable para beber cócteles letales en gigantescas peceras y que un chorrito de whisky ayudará a dormir a tu hijo. Incluso nos enseñan que el "pelo de perro" es el remedio para la resaca. Y, cuando crees que ya las has oído todas, aparece alguien afirmando que un vaso de vino forma parte de sus "cinco al día".

Está normalizado en la mente de todos.

Pero, si el alcohol fuera la sustancia mágica, como nos han hecho creer, ¿por qué hay grupos de Alcohólicos Anónimos en casi todas las ciudades? ¿Por qué los famosos que consumen demasiado pasan instantáneamente de ser respetados a ser avergonzados? ¿Y por qué casi el 30% de los jóvenes deciden ahora no beber en absoluto? (The Guardian, 2018).

Hay muchas respuestas a esas preguntas.

En muchos casos, la gente está descubriendo, como me pasó a mí, que dejar la bebida puede encaminar tu vida por un sendero totalmente distinto.

La gente está decidiendo salir adelante en la vida y volverse sobria en un mundo de ebrios. Están hartos de las resacas paralizantes, la vergüenza, la ansiedad y los muchos otros efectos secundarios del alcohol. Quieren experimentar todo lo que ofrece la vida con todos sus sentidos en sobriedad.

Es un camino emocionante, gratificante y saludable, que está cada vez más de moda. Gestionar correctamente las emociones, despertarse sin resaca y disfrutar de la vida al máximo nunca pasa de moda.

Y lo que es más importante, también podría ser lo que por fin te permita mirarte al espejo y que te guste lo que ves.

***

Entonces, ¿qué te trajo por aquí?

Puede que, como "mi antiguo yo", tengas una vida repleta de signos externos de éxito, pero te sientas vacío por dentro.

Tal vez estés empezando a cansarte de todo eso de "trabaja duro, juega duro" y te cueste encontrarle sentido.

Introducción

¿Vives para el fin de semana y luego pasas la mitad de la semana recuperándote de ese fin de semana? Quizá no te des cuenta, pero podrías estar pasando más de 100 días al año sintiendo los deprimentes y físicamente indeseables "efectos secundarios" del alcohol. ¿Imaginas todo lo que podrías hacer con tu vida si estuvieras pletórico de fuerzas durante todos esos días?

No tiene mucho sentido intentar dar una definición precisa de "un problema". La gente tiene muchas razones diferentes para querer restablecer su relación con el alcohol. Si no fuera así, no habría millones de personas participando cada año en iniciativas como Enero Seco y Octubre Sobrio.

Incluso Alcohólicos Anónimos es cada vez menos anónimo. El mundo está empezando a recuperar la sobriedad y los famosos hablan más abiertamente de sus batallas con el alcohol y otras sustancias que alteran la mente.

Tal vez estés empezando a preguntarte si ese vino nocturno para "relajarte" es realmente una buena idea. O quizá necesites desesperadamente dejar de levantarte los lunes por la mañana con el cerebro agotado y la cartera vacía de todo menos de envoltorios de cocaína.

Aunque parecieran dos extremos opuestos, pueden estar más cerca de lo que muchos piensan. Tal vez estés pensando: "Oh, yo no tengo malas resacas" "¿Drogas? ¡Yo nunca me DROGARÍA!"

Bueno, como hemos establecido, el alcohol ES una droga. Y es la que muchos científicos de alto perfil la clasifican como más dañina que cualquier otra (The Economist, 2019). Para muchos, también es una enorme puerta de entrada, tanto a otras drogas como a años de malas decisiones.

Mucha gente pasa años o incluso décadas "saliéndose con la suya", o al menos eso es lo que creen. No se dan cuenta de cómo las resacas empiezan a consumir la semana, del aumento gradual de peso o de los amigos y colegas que van y vienen por la vida.

Introducción

Para otras personas, los acontecimientos inesperados y los cambios en la vida hacen que el consumo "sostenible" de alcohol se transforme rápidamente en "tengo que hacer algo al respecto". Cualquier circunstancia, desde un aumento del estrés en el trabajo hasta un despido, una ruptura sentimental o un duelo, puede hacer que la situación se agrave.

Independientemente de tu situación, no hace falta que "toques fondo" para disfrutar de todas las ventajas de la sobriedad. De hecho, muchas personas que han dejado de beber hablan sobre los maravillosos beneficios y cambios positivos en su vida, tanto si eran adictos en toda la extensión de la palabra, fanáticos de la "hora del vino" o "guerreros del fin de semana".

Si estás dudando de tu relación con el alcohol, esa es toda la prueba que necesitas. Es muy probable que no te estés cuestionando sobre tu relación con el brócoli ni te estés obsesionando con si deberías dejar de leer o caminar.

Eso es porque todos sabemos, en el fondo, que los seres humanos no estaban destinados a tener una vida en la que todo, positivo y negativo, estuviera marcado por el alcohol. Los niños se las arreglan para jugar y divertirse todo el tiempo sin él. Pero entonces algo cambia y millones de adultos se convencen de que nada puede ser divertido sin una cerveza, una copa de vino o un gin tonic.

Hay una manera mejor.

***

Como ya sabrás, este libro trata sobre renunciar al alcohol. Sin embargo, es importante que definamos lo que significa "renunciar" en este contexto.

"Renunciar" es un lenguaje emotivo. Sugiere que tenemos que prescindir de algo deseable y que es una pérdida.

La buena noticia es que no es así en lo absoluto.

Introducción

Si pasas solo uno o dos días a la semana con resaca, estás "renunciando" entre 50 a 100 días de tu vida, CADA AÑO. Y eso sin contar el tiempo que pasas pensando en el alcohol, planeando ocasiones en torno a él y lidiando con el caos que puede causar. Dependiendo de lo bajo que estés en la madriguera del conejo, podrías estar consumiendo la mitad de cada año o más.

ESA es una pérdida enorme.

Del mismo modo, es probable que hayas "renunciado" a muchas cosas al llegar a la edad adulta: sueños, intereses y aficiones. Si seguiste la misma trayectoria que la mayoría de la gente del mundo moderno, probablemente los cambiaste por "salir". Y, para mucha gente, "salir" significa beber.

No estoy diciendo ni por un momento que salir, ir de fiesta y convertirse en adulto no sea un rito de iniciación muy divertido. Pero ES parte del condicionamiento que hace que el alcohol sea una parte tan crucial de la vida de muchas personas.

También es donde, para muchos, empiezan a crearse los malos hábitos.

Esta es la parte fascinante que se discute mucho en las comunidades sobrias: No se trata de lo que dejas, sino de lo que recuperas.

Uno de los dichos más usados dentro de estos círculos es: "La sobriedad cumple todo lo que el alcohol solo prometía". Se utiliza mucho porque es verdad.

Lo que más me sorprendió fue lo rápido que la sobriedad cumple.

Cuando empiezas a ver lo drásticamente diferente que es la vida sin alcohol, empiezas a entender cuánto afectaba todo: la salud, las relaciones, las finanzas, la carrera y el lado espiritual de la vida.

Piensa en tu infancia y en lo mucho que te gustaban las cosas antes de que las presiones de la edad adulta ocuparan tu tiempo. Puede que fuera el deporte, la música, los juegos o mil cosas más.

Introducción

Esa alegría de estar "jugando" sigue estando al alcance de los adultos, pero muchos la cambian por el vacío y costoso placer de ir al bar a la hora feliz. La ironía de la "hora feliz" es que sí, puede que estés contento durante una hora o una noche, pero si eres como yo solía ser, ¡no hay nada de felicidad en los días siguientes!

La realidad es que se gana mucho más de lo que se pierde cuando se deja el alcohol.

No solo recuperas el entusiasmo infantil, sino que también disfrutas de las mismas cosas que antes: vacaciones, salidas nocturnas, citas, Navidad, cumpleaños, amistades, ¡sexo!

Esta pequeña lista muestra, una vez más, cómo el alcohol aparece en todas partes. Con el tiempo, llegamos a asociarlo con todas esas cosas. Nos preguntamos si volveremos a disfrutarlas de la misma manera. Pues bien, junto con millones de otras personas sobrias, puedo asegurarte que sí puedes.

Y si estás pensando en lo mucho que "te gusta el sabor" de determinadas bebidas, hay un mercado sin alcohol en auge que atiende a todos los nuevos no bebedores. Ya quedaron atrás los días en los que solo se te ofrecía una opción sin alcohol y todo el mundo se burlaba de ti en el pub por pedirla.

También hay cuestiones mucho más profundas en las que pensar y todas son cosas que dejar el alcohol puede mejorar.

Si te preocupa constantemente no alcanzar todo tu potencial, dejar el alcohol puede ser el cohete motivador que necesitas para empezar.

Si necesitas reparar daños en cualquier área de tu vida, tu salud, tus relaciones, tus finanzas o tu carrera, dejar el alcohol puede ser la clave que te falta para dar un giro a tu vida.

Y, si escudriñas en tu alma y no estás del todo convencido de gustarte a ti mismo, dejar el alcohol te permitirá sanar.

Introducción

Una vez más: ganarás MUCHO más de lo que pierdes.

***

Entonces, ¿qué ganarás exactamente leyendo este libro?

He aquí un rápido resumen:

En primer lugar, descubrirás los excepcionales beneficios para la salud y la forma física de dejar de beber.

Incluso una cantidad relativamente pequeña de alcohol puede ser increíblemente perjudicial para tu peso, piel, intestino y cerebro. El alcohol es un veneno que el cuerpo no es capaz de procesar, de ahí que se presente en forma diluida y que exista la "intoxicación por alcohol".

Te aseguro que no dejarás de recibir comentarios como "pareces diez años más joven" "Vaya, has adelgazado" "Te ves muy bien".

Después de la salud, pasamos a la economía. Para empezar, beber sale caro, y además es una sustancia que compromete tu juicio y a menudo te lleva a tomar malas decisiones financieras.

¿Has pulsado alguna vez el botón rojo de "a la mierda" cuando te has tomado unas copas, para luego arrepentirte económicamente durante meses o incluso años? Yo tardé seis años en saldar la deuda de unas vacaciones de última hora en Las Vegas. Cuatro noches de "diversión" por seis años de deuda. No parece un trato justo.

Solía trabajar en el sector financiero de Londres con un sueldo decente, pero TODAVÍA vivía de cheque en cheque. Dejar de beber puede transformar tus finanzas, tanto si necesitas salir de deudas, comprar tu primera propiedad o simplemente quieres empezar a ahorrar e incrementar tu dinero. Y todo ello más rápido de lo que imaginas.

A continuación, nos ocuparemos de las relaciones, desde las citas hasta la paternidad. Se acabó

Introducción

confiar en unas copas de vino para calmar los nervios antes de una gran cita. Las citas sobrias no pueden ser más crudas.

Las relaciones cambian si llevas una vida sobria, sobre todo si antes la bebida era una parte importante de ella. Afortunadamente, puedo asegurarte que cambian para mejor.

Después, hablamos de crecimiento personal. Beber alcohol, aunque solo sea un par de veces por semana, puede crear un importante bucle de retroalimentación negativa. Una noche de fiesta lleva a una resaca, que lleva a la comida basura y a la pereza. Entonces, empiezas la semana siguiente con poca motivación (y un saldo bancario que asusta) y te arrastras hasta "el jueves es el nuevo viernes" antes de volver a hacerlo todo de nuevo.

NO beber crea un bucle de retroalimentación diferente, pero positivo (y mucho mejor). Imagina despertarte un lunes por la mañana con más motivación y dinero de lo que esperabas y que eso ocurra semana tras semana. Aquí es donde los cambios se producen *rápidamente*.

No es de extrañar que tantas personas sobrias informen de grandes logros en los meses y años posteriores a dejar de beber.

Después de hablar de crecimiento personal, nos ponemos espirituales, y eso no significa hablar de Dios, a menos que tú quieras. Como dijo una vez David Bowie, "la religión es para la gente que tiene miedo de irse al infierno, la espiritualidad es para aquellos que ya han estado ahí".

Muchas personas que dejan de beber descubren que la sensación de vacío de vivir semana a semana es sustituida por algo muy diferente: la sensación completa de un alma bien alimentada. Este capítulo también aborda el programa de 12 pasos (totalmente opcional).

Después viene la DIVERSIÓN de estar sobrio. Es un tipo diferente de diversión, pero está lejos de ser aburrida. Te aseguro que millones de personas sobrias no se quedan en casa aburridas. Socializan,

Introducción

tienen citas, consiguen cosas y se levantan temprano para dedicarse a sus aficiones mientras los bebedores descansan de la noche del viernes.

Luego están los negocios y carreras profesionales. Aunque hay muchos bebedores "funcionales", una vida sin alcohol te permite pasar al siguiente nivel.

Una vida sin resaca es, en sí misma, suficiente para transformar una carrera. Pero, si le añadimos el efecto combinado de una claridad constante y una energía extra, las cosas pueden ponerse emocionantes a la velocidad del rayo.

En el último capítulo, analizamos la realidad de estar sobrio en un mundo de ebrios. La bebida está en todas partes y no desaparece porque decidas dejar de consumirla. El capítulo analiza los entornos en los que pasas el tiempo y cómo pueden cambiar y evolucionar (para mejor) cuando dejas de beber.

***

Es hora de que te cuente un poco más sobre mí.

He sido el bebedor de una vez a la semana, pero rápidamente me convertí en el tipo de bebedor de trabajo financiero, coche de lujo, casa bonita, sueldo alto, beber todo el fin de semana y arruinar la semana.

La drogadicción no tardó en aparecer.

Nunca fui alguien que se detuviera con una sola copa. La primera vez que fui al pub a los 14 años, cuando todo lo que necesitas que te sirvan es un amigo que haya alcanzado la pubertad antes de tiempo, bebí demasiado. Siempre he bebido lo mismo. Nunca fue solo una. Nunca.

La universidad fue un gran catalizador que intensificó mi consumo de alcohol. Bebía mucho. Me desmayaba a menudo y los vómitos provocados por el alcohol eran frecuentes. Pero no era un problema porque todo el mundo lo hacía.

Este patrón de consumo continuó hasta que dejé la universidad.

Introducción

Luego descubrí la COCAÍNA, otra sustancia que muchas películas te hacen creer que es el colmo del glamour.

La cocaína parecía curar todos los problemas que tenía con el alcohol. Detuvo los vómitos inducidos por el alcohol, lo que me permitió beber más. Empecé a recordarlo todo y a sentir que tenía el control total.

El problema era que acababa de cambiar los efectos secundarios de una droga por los efectos igualmente debilitantes de otra, ya que mis resacas se convirtieron en "malilla" (privación del sueño por abstinencia). El coste de una noche de fiesta se cuadruplicó y mi paranoia subyacente y mi bajo estado de ánimo empeoraron cada vez más.

El alcohol y las drogas eran "divertidos" durante las dos primeras horas de la noche. Pero después, mi incapacidad para parar hacía que siempre me arrepintiera de todo al día siguiente. Me reprochaba a mí mismo haber tomado malas decisiones financieras. Me odiaba por no ir al gimnasio. Recordaba comentarios horribles que había hecho la noche anterior. Volvía a comer mal.

Este mismo ciclo de comportamiento duró 17 años.

Albert Einstein dijo una vez que la "locura es hacer lo mismo una y otra vez y esperar resultados diferentes". Todos los domingos me decía a mí mismo que la semana siguiente sería la semana en la que "me pondría las pilas". Pero entonces hacía lo de siempre: emborracharme.

Cuando llegué a mis treinta, mis resacas habían pasado de durar unas horas a durar toda la semana. A esas alturas, una noche de alcohol y drogas se parecía más a una autolesión que a una "noche épica".

Los intentos de "arreglarme" y mudarme a Tailandia, Australia y Sudáfrica no curaron el problema que tenía con el alcohol. De hecho, lo empeoraron.

Los grupos anónimos llaman a esto "hacer algo geográfico".

Introducción

Tus problemas no desaparecen mágicamente porque estés en otro lugar. De hecho, desplazarte puede aislarte aún más y darte más motivos para beber y drogarte.

Con el tiempo, me di cuenta de que las cosas externas no solucionaban mis problemas internos.

El estilo de vida de "trabajar duro y jugar duro" se convirtió en un estilo de vida de "jugar duro todo el tiempo y esperar que no me despidan del trabajo".

Por suerte, salí adelante sin que me despidieran. Sin embargo, estoy seguro de que muchos exempleadores pensaban que yo era una mierda en mi trabajo. Eso se debe a que la mayor parte del tiempo estaba terriblemente resacoso, ebrio o drogado.

Después de perderlo todo por culpa de la adicción, toqué fondo. Sin nada a mi nombre más que una póliza médica privada, finalmente pedí ayuda profesional e ingresé en rehabilitación.

La rehabilitación me salvó la vida. Me dio tiempo para dejar de vivir en el mismo ciclo de comportamiento. Y lo que es más importante, por fin empecé a saber por qué bebía y me drogaba.

Durante el tiempo que pasé en rehabilitación, me di cuenta de que no estaba contento con mi aspecto ni con cómo me sentía. Todo empezó cuando era niño. El alcohol era mi "medicina". Me "quitaba las inseguridades". Cuanto más inseguro me sentía, más bebía y me drogaba.

Tras la rehabilitación, una cantidad considerable de apoyo familiar, desarrollo personal y haber seguido el programa de los 12 pasos asistiendo a Alcohólicos Anónimos, Cocainómanos Anónimos y algunos otros, soy una persona muy diferente. Solo cuando dejé el alcohol me di cuenta de lo "alérgico" que era a él y de lo negativo que eran sus "reacciones" en todos los ámbitos de mi vida.

En cuanto salí de rehabilitación, me puse en manos de un entrenador personal y en solo cuatro meses perdí 35 kg (77 lbs), sobre todo gracias a la sobriedad. El efecto de ponerme en forma y estar sobrio fue increíblemente transformador. Conseguí mantener mi trabajo y ahorré el dinero que necesitaba para abandonar el mundo empresarial y montar mi propio negocio.

Con todo el tiempo y la energía que me ha dado la sobriedad, he podido volver a capacitarme como asesor, producir una serie de *podcasts* sobre sobriedad y convertirme en entrenador de fuerza y acondicionamiento físico e instructor de yoga. Ayudar a la gente a ser más fuerte, tanto física como mentalmente, es la razón por la que me encanta mi nueva carrera y soy capaz de saltar de la cama a las 6 de la mañana cada día.

Siento que por fin mis días tienen un propósito. Todo gracias a la sobriedad.

He pasado de estar al borde de la bancarrota a tener ahorros, un techo y un corazón lleno de gratitud.

Y lo que es más importante, estar sobrio me ha convertido por fin en alguien que puede mirarse al espejo y estar orgulloso de lo que ve.

Escribí este libro para ayudarte a cuestionar tu relación con el alcohol y a escuchar que la vida sin alcohol puede ser INCREÍBLE.

Dejar el alcohol representa algunos retos, especialmente si nunca has conocido nada diferente, pero mereces entender por qué nadie se arrepiente nunca de haber conseguido la sobriedad.

Los beneficios no son únicamente ventajas que han transformado mi propia vida, sino obsequios que resuenan en toda la creciente comunidad sobria. No importa si te consideras como una persona adicta, alguien que padece la "ansiedaca" después de su salida semanal o simplemente un individuo que se cuestiona si el alcohol es realmente su "aliado". Estos beneficios pueden ser experimentados por TODOS, sin distinción.

Entonces, ¿cuáles son esos beneficios?

Introducción

Entre ellos, parecer (y sentirse) más joven y en forma, tener más dinero y una energía y claridad casi constantes. Esto se traduce en carreras profesionales increíbles, relaciones más profundas, fines de semana gratificantes, vacaciones rejuvenecedoras... ¡e incluso sexo increíble!

Dejar el alcohol te vuelve más motivado, centrado y resistente. Y mejora drásticamente tu salud física y mental.

Estos beneficios llegan antes de lo que imaginas, sobre todo si el alcohol desempeña un papel importante en tu vida. Podrías ver un cambio notable en ti mismo en solo unas semanas y las "mejoras" seguirán llegando a medida que pases más tiempo sobrio.

Dejar el alcohol es INCREIBLEMENTE TRANSFORMADOR para cada área de tu vida y no puedo esperar para ayudarte a experimentarlo por ti mismo.

***

¿Estás listo para disfrutar las ventajas que ofrece la vida sin alcohol y convertirte en sobrio en un mundo de ebrios?

Empecemos por aprender a que nos guste lo que vemos en el espejo. Eso comienza con la salud y la condición física, y dejar el alcohol es una de las claves fundamentales para lograrlo.

Capítulo 1:
El Resplandor de la Sobriedad

Ya hemos hablado un par de veces de mirarse al espejo, y hay una buena razón para ello.

Tu reflejo en el espejo es una de las primeras cosas que ves cada mañana y sigues viendo durante todo el día.

Llegué a odiar mi reflejo.

Tras 17 años de borracheras, comida para llevar, drogas y tabaco, no es de extrañar que no estuviera contento con mi aspecto. Uno es lo que hace repetidamente.

Mi peso se disparó después de la universidad. Con el tiempo, engordé 51 kg (112 lbs). Mi piel era horrible y nunca me sentía a gusto con mi ropa. No importa cuánto te gastes en ropa de marca si no estás a gusto con el cuerpo que llevas dentro.

No solo me sentía grotesco por fuera, sino que por dentro también sufría. Tenía el Síndrome de Intestino Irritable (SII), provocado por el alcohol, la cocaína y los cigarrillos, pero me engañaba a mí mismo diciéndome que no afectaba a mi salud. Tenía la presión arterial peligrosamente alta y la nariz me goteaba constantemente.

Era un desastre por dentro y por fuera.

Y ni siquiera hemos hablado de la confusión que sufría con mi salud mental, otro subproducto de estar constantemente decepcionado por lo que veía en el espejo. Pero el alcohol y las drogas me "ayudaban" a olvidarlo, día tras día.

No puedes evitar ese espejo, o te gusta lo que ves, o no. Y, si no te gusta, eso irá minando constantemente tu felicidad y tu autoestima.

Por eso empezamos esta sección hablando de los beneficios para la salud de dejar de beber. Son innumerables y puedes empezar a disfrutarlos rápidamente: piel más hidratada, pérdida de peso transformadora, mejor tono muscular y un enorme aumento de la energía y la claridad. Todos estos beneficios para la salud son lo que llamamos el "resplandor de la sobriedad".

Es un montón de mejoras. Y lo mejor de todo es que puedes empezar a notarlos en los primeros 30 días.

Si has estado bebiendo con regularidad, sin tomarte un descanso prolongado, es posible que no sepas lo que es verse y sentirse verdaderamente sano. Y, sí, salir a tomar una "gran copa", una o dos veces por semana cuenta como regularidad.

¿Estás listo para descubrir cuánto puede mejorar tu vida?

Transformación corporal: El método de la sobriedad

Muchos de nosotros bebemos para aumentar nuestra confianza, reducir nuestras inhibiciones y sentirnos cómodos con nosotros mismos y con los demás.

Sin duda, son las principales razones por las que yo bebía con tanta regularidad.

La razón principal por la que bebía era que me sentía infeliz en mi propia piel. Es una cruel ironía, porque la bebida, las drogas y todas las cosas que hacía a consecuencia de ello (como comer porquerías y no hacer ejercicio) me estaban haciendo engordar. Así, cada vez me sentía menos feliz en mi propia piel.

Es un círculo vicioso increíble. Pero no es raro. Millones de personas siguen el mismo camino, semana tras semana y año tras año.

Dentro de un momento hablaremos de lo increíblemente calórico y poco saludable que es el alcohol. Pero antes, debo insistir en que no se trata solo de beber. Para mí, las resacas hacían al menos el mismo daño. Y tuve resaca casi todos los fines de semana desde los 15 hasta los 31 años.

Lo máximo que estuve sin beber alcohol durante ese periodo fue un tramo de siete días. Y eso fue solo porque estaba tomando antibióticos.

Nadie hace nada especialmente útil durante una resaca. Sí, puede que llegues al trabajo y hagas las cosas que tienes que hacer, pero luego vuelves a casa y te recompensas con comida para llevar. La gente no hace cosas que no sean absolutamente necesarias cuando tiene resaca. Comer bien y hacer ejercicio suelen ser las primeras cosas que se descuidan.

Por eso, cuando bebes con regularidad, acabas atrapado en un patrón realmente perjudicial. No tienes ninguna posibilidad de mantener un estilo de vida saludable.

Intenté, sin mucho entusiasmo, ponerme en forma y perder peso. Sabía que quería hacerlo y que el aumento de peso me estaba haciendo infeliz. Pero saboteaba mis planes a cada paso.

Las dietas nunca me funcionaron porque nunca conseguía estar más de una semana sin una borrachera y sus secuelas se interponían en mi camino.

El gimnasio tampoco me funcionaba. Nunca me mantuve en forma porque las borracheras se interponían. La única vez que vi el interior de un gimnasio durante un fin de semana fue cuando decidí hacer una clase de spinning mientras aún estaba ebrio por la noche anterior. Casi vomito sobre el ciclista que tenía delante y aprendí que no podía mezclar las salidas nocturnas con el ejercicio al día siguiente.

***

Mucha gente te dirá, a menudo con un presuntuoso sentimiento de superioridad, que el secreto para perder peso es simplemente "comer menos y moverse más".

Es molesto, pero tienen razón.

Para ser un poco más científicos, para perder peso hay que tener un déficit calórico. Eso significa que tienes que quemar más calorías de las que ingieres. (Las recomendaciones calóricas diarias estándar son 2500 kcal para los hombres y 2000 kcal para las mujeres). (NHS UK).

En teoría, basta con garantizar ese déficit para perder peso. Pero la parte del movimiento también es crucial. El ejercicio ayuda a quemar más calorías, lo que contribuye al objetivo de perder peso.

Es importante señalar que perder peso no es la única opción. No es el objetivo de todo el mundo y puede que no sea el tuyo, sobre todo si has conseguido mantenerte delgado durante toda tu época de bebedor (¡yo no tuve esa suerte!).

La salud no se define por la pérdida de peso. Algunas personas se centran más en ganar masa muscular. El aumento de masa muscular se consigue con un *excedente calórico*, es decir, ingiriendo más calorías de las recomendadas y haciendo el ejercicio adecuado.

Los culturistas, por ejemplo, pasan por fases de superávit calórico cuando quieren desarrollar músculo y luego por un déficit calórico cuando quieren perder grasa. Es lo que denominan fases de "aumento" y "definición".

Como sabes, ahora soy entrenador de fuerza y acondicionamiento, pero quiero asegurarte que no tengo la misión de convertirte en un adicto al gimnasio. Lo que quiero decir es que tu aspecto en el espejo SÍ depende de las calorías que ingieres y del movimiento que realizas.

Y eso nos lleva de nuevo al alcohol.

El alcohol está repleto de calorías, pero también son calorías VACÍAS. Esto se refiere al hecho de que el alcohol proporciona poco más que una fuente de energía, con pocos nutrientes que necesitamos para estar fuertes y sanos.

El alcohol contiene 7 calorías (kcal) por gramo, que es casi tanto como la grasa, con 9 kcal por gramo. Las proteínas y los carbohidratos tienen 4 kcal por gramo.

Las calorías *no* son iguales. No es lo mismo una ración de brócoli de 200 kcal que una botella de cerveza de 200 kcal. Las personas que se saltan regularmente las comidas para beber se estarán perdiendo nutrientes esenciales que nuestro cuerpo necesita para prosperar.

Si la única forma de emborracharse fuera sentarse en un bar a comer cucharadas interminables de azúcar, parece probable que menos gente lo hiciera. Pero, desde el punto de vista calórico, millones de personas hacen algo parecido. Solo UN trago de sidra puede contener hasta cinco cucharaditas de azúcar, casi lo máximo que se debe consumir al día. (DrinkAware).

No es de extrañar que las personas que beben con regularidad tengan dificultades para adelgazar y tiendan a ver cómo su peso aumenta gradualmente. La ciencia lo corrobora: un estudio demuestra que los adultos jóvenes que beben habitualmente tienen un 41% más de probabilidades de sufrir sobrepeso. Tienen un 35% de probabilidades de cruzar la línea de la "obesidad". (Fazzino, Fleming, Sher, Sullivan and Befort, 2017).

Es fácil no darse cuenta de que está ocurriendo y las personas más cercanas a ti a menudo tampoco lo ven.

Ya sabes cómo funciona. Cuando ves a un amigo por primera vez en un año, se nota al instante si tiene mejor o peor aspecto, si está más gordo o más delgado. Pero, cuando ves a alguien todos los días, no notas ni un kilo aquí ni un centímetro allá. Lo mismo ocurre cuando te ves a ti mismo.

Es hora de asustarte con algunas cifras:

Ya hemos demostrado que el alcohol contiene muchas calorías vacías y sin sentido, pero la cantidad exacta suele sorprender a la gente. Un vaso de cerveza al 5% contiene 239 kcal (lo mismo que una barrita Mars entera) y un trago de sidra al 4,5%, 216 kcal.

Un gin tonic doble, considerado a menudo como la opción más "baja en calorías", contiene 180 kcal.

Y el caso es que no solemos tomar solo uno, ¿verdad? Sentarse y comerse seis barritas Mars seguidas se consideraría "excesivo", pero no es raro que la gente consuma las mismas calorías en cerveza en una salida nocturna informal.

Es cuando se suman las calorías cuando empieza a ser realmente alucinante. Cuando veas la siguiente tabla, recuerda las recomendaciones de calorías diarias: 2,500 para los hombres y 2,000 para las mujeres, y recuerda que estas recomendaciones calóricas se basan en una dieta equilibrada (grasas, proteínas e hidratos de carbono), ¡no en una dieta equilibrada de diferentes bebidas alcohólicas!

	4 Copas (Noche informal)	8 Copas (Noche larga)	12 Copas (Gran noche)

Un vaso de cerveza de 5% de graduación - 239kcal	956	1912	2868
Copa estándar de 175 ml de vino al 12% - 133kcal	532	1064	1596
Gin tonic doble – 180kcal	720	1440	2160
Un trago de sidra al 4,5% - 216kcal	864	1728	2592

Fuentes: NHS UK, Drinkaware.

Si nos fijamos en esta tabla, veremos que es posible ingerir las calorías de un día entero en una sola "gran noche".

Pero apenas hemos empezado, ya que aún falta la comida.

No ayuda el hecho de que a menudo comemos alimentos muy calóricos cuando bebemos, tanto en ese momento como DESPUÉS.

No es casualidad. Estudios científicos demuestran que beber alcohol "favorece la sobrealimentación". (Tremblay &St-Pierre, 1996). Comer en exceso durante o después de una sesión es casi una fatalidad biológica.

Así que añadamos descaradmente una comida Big Mac de McDonald's. No la grande, sino la mediana, menos indulgente. Son 1,080 calorías (McDonald's).

Si te tomas un gin tonic a última hora de la noche, como en la tabla anterior, y acabas devorando esa hamburguesa de camino a casa, ya habrás ingerido 2.520 calorías. Eso es más de la cantidad diaria recomendada para cualquier hombre o mujer.

Y eso antes de tener en cuenta cualquier otra comida del día: ni desayuno, ni comida, ni meriendas.

Solo estamos hablando de una "noche larga", no de una "gran noche". Y aún no hemos pensado en el día siguiente.

Cuando aparece la resaca, nos apetece "comida para la resaca", es decir, comida grasienta y salada repleta de grasas y carbohidratos, como huevos fritos, tocino, papas fritas y comida para llevar. No es de extrañar que siempre haya cola de conductores de Deliveroo y Uber Eats en McDonald's los sábados y domingos por la mañana.

Mi "cura" favorita para la resaca siempre ha sido un desayuno inglés completo, que, por desgracia, suelen tener unas 1.300 calorías.

Y eso solo es una parte.

Como ya hemos visto, las personas con resaca rara vez eligen el ejercicio como actividad preferida. Eso significa que tampoco queman calorías. Una sesión de entrenamiento de una hora en un gimnasio puede quemar entre 500 y 800 calorías. Desplomarse frente a Netflix o tomar un taxi de vuelta al pub, pues no.

Todas estas cifras son bastante malas cuando se trata de algo puntual. Es cuando empiezas a ver el efecto compuesto de hacerlo repetidamente cuando las cosas se vuelven realmente impactantes.

Cuando salía tres veces por semana y tomaba las malas decisiones alimentarias mencionadas anteriormente, consumía alrededor de 10.000 calorías extra cada semana. Eso supone la asombrosa cifra de 520.000 calorías al año, el equivalente a 464 comidas de Big Mac. Necesitaría 650 HORAS de carrera para quemarlas.

A un ritmo de trote lento, un maratón dura unas cinco horas. Así que habría necesitado correr 130 maratones al año para compensarlo. ¡Y ODIO correr!

Por supuesto, no iba a poder hacerlo. Con las resacas paralizantes que sufría, no podía ir al gimnasio. El resultado era tristemente predecible: un aumento de peso constante y poco saludable cada año, hipertensión, un sistema digestivo increíblemente inestable y una confianza y autoestima destrozadas.

¿Y qué hice para compensarlo? Sí, bebí más y tomé más drogas. El ciclo no se detuvo hasta que dejé de beber.

Hasta ahora nos hemos centrado en las calorías y el peso, pero el alcohol tiene otro aguijón en la cola, listo para atrapar a los que se las arreglan para hacer algo de ejercicio entre las sesiones de bebida.

Un estudio revisado por expertos demostró que el consumo excesivo de alcohol hace que los músculos sean menos capaces de beneficiarse del ejercicio, "perjudicando la recuperación y la adaptación". (Parr, Carmera, Arete, Burke, Philips, Hawley, Coffey, 2014).

Por lo tanto, incluso si consigues ir al gimnasio o salir a correr, el alcohol compromete los beneficios del ejercicio. Si lo que quieres es ganar músculo en lugar de perder peso, el alcohol también compromete tu capacidad para conseguirlo.

¡Eso sí que es echarle sal a la herida!

***

Es una locura el círculo vicioso que forman el alcohol, la mala elección de alimentos y la falta de ejercicio. Sin embargo, la parte emocionante es que dejar el alcohol crea un círculo completamente nuevo, tan saludable y gratificante. Este nuevo círculo se consigue a través del "Método de la Sobriedad".

La sobriedad crea el tiempo y la energía necesarios para empezar a ponerse en forma y ser más activo en general.

Una vez más, no se trata de convertirte en un fanático del fitness. Incluso, si eres un bebedor menos "comprometido" que yo, cambiar la sesión semanal y sus secuelas por 72 horas de opciones más saludables supone una enorme diferencia para tu bienestar.

Hay muchas formas de reemplazar el "subidón" de una noche de fiesta, pero básicamente tiene que ser algo que te ponga en movimiento. El ejercicio crea un subidón sano y natural. Si no fuera así, no habría gimnasios en todas las ciudades ni corredores en todas las calles.

El ejercicio es una forma estupenda de aliviar el estrés y gestionar las emociones. Desde que soy entrenador de fuerza y acondicionamiento, nunca he tenido un cliente que se "arrepienta" de una sesión de entrenamiento.

El movimiento es medicina y hay cientos de opciones a tu disposición: senderismo en la naturaleza, natación en aguas frías (¡no apta para cardíacos!), deportes de equipo, clases de baile, pilates o yoga. Pruébalos todos, tendrás tiempo de sobra para hacerlo en la sobriedad.

Consideremos un círculo virtuoso en lugar de vicioso. Es muy parecido al círculo "beber - comer - engordar - repetir" que acabamos de ver, pero transforma tu salud en lugar de destruirla.

En primer lugar, evitar el alcohol significa ingerir muchas menos calorías.

Después, evitar tomar malas decisiones alimentarias, tanto en estado de embriaguez como de resaca, significa consumir aún menos calorías. También se consumen muchos más nutrientes que permiten que la mente y el cuerpo prosperen.

No beber significa no tener resaca, lo que se traduce en mañanas motivadas y entusiastas y días en los que tienes tiempo disponible para hacer ejercicio y ganas de hacerlo.

Más ejercicio significa más calorías quemadas. Junto con la ingesta de muchas menos calorías, puede lograr el déficit calórico que resulta en la pérdida de peso mucho más rápido que cuando estaba bebiendo.

Por otra parte, si lo que quieres es ganar masa muscular (en lugar de grasa), no beber significa que realmente te beneficias de tus entrenamientos.

El ejercicio te proporciona un subidón natural que mejora tu estado de ánimo y tu salud mental. Eso es ciencia, no falsas promesas de un entrenador de fuerza y acondicionamiento. El ejercicio hace que el cuerpo libere sustancias beneficiosas como la serotonina, la dopamina y la norepinefrina. (Wasylenko).

Irónicamente, también son las sustancias químicas que nuestro cerebro ansía cuando bebe y toma drogas. Por desgracia, las sustancias no funcionan como el ejercicio. Las drogas y el alcohol tienden a agotar lo que el cerebro necesita para sentirse bien, dejándonos deprimidos, ansiosos y desmotivados.

Al igual que el círculo negativo de la bebida continúa, el círculo saludable también lo hace:

Tu estado de ánimo te lleva a hacer más ejercicio y peder peso (o el aumento de masa muscular), lo cual hace que tu reflejo en el espejo te resulte más atractivo. (También se vuelve más atractivo para los demás, pero hablaremos del sexo y las relaciones en sobriedad en un capítulo posterior).

Eres capaz de desarrollar músculo correctamente porque el alcohol no interfiere en la síntesis de proteínas miofibrilares (¡sí, eso existe!). Esto significa que la forma de tu cuerpo mejora, así como su peso.

Por último, no hay que subestimar el efecto compuesto sobre tu salud mental (hablaremos de ello más adelante).

Al igual que a ti te empieza a gustar un poco más ese reflejo, a menudo los demás también empiezan a notarlo.

Puedo asegurarte que el primer comentario que diga "estás en excelente forma" "vaya, estás despanpanante" te producirá una sensación que nunca obtendrás con un té helado Long Island o una raya de cocaína. Ese "resplandor de la sobriedad" es algo genuino, un efecto en el que empiezas a irradiar energía positiva y a lucir fantástico frente a los que te rodean.

El "Método de la Sobriedad" funciona como un bucle de retroalimentación que no cesa, una "subida de nivel" que se vuelve convincente por sí misma. Y puede empezar tan pronto completes la primera semana sin alcohol.

Si eres una de las muchas personas que han intentado perder peso o ponerse en forma repetidamente en el pasado, puede que dejar el alcohol sea el catalizador que marque una diferencia notable.

Los círculos buenos y malos actúan de forma similar, pero proporcionan efectos opuestos. No es de extrañar que no se obtengan los resultados deseados si se intenta mantener un pie en cada lado.

Tampoco tienes nada que perder por probar un patrón diferente durante un tiempo. No estás renunciando a nada, como hemos dicho. Solo estás probando algo nuevo. Dejar el alcohol podría ser la solución.

Cuando por fin dejé mis malos hábitos, perdí 35 kg (77 lbs) en solo cuatro meses. Me dio la confianza que llevaba años buscando en el alcohol y las drogas.

Fue una transformación tan poderosa que decidí convertirme en entrenador de fuerza y acondicionamiento físico, deseoso de ayudar a los demás y demostrar hasta qué punto el ejercicio puede transformar vidas.

Es sorprendentemente común ver a personas que han optado por la sobriedad dedicarse a esta línea de trabajo, yo lo llamo el "Efecto Coach de Vida". Todos han tenido su propia transformación al dejar el alcohol y quieren ayudar a otros a experimentar lo mismo.

Incluso si eres alguien que no encuentra el ejercicio particularmente atractivo, hay muchas maneras de embarcarte en tu propio viaje hacia el acondicionamiento físico. Caminar con regularidad puede crear un tiempo para *podcasts*, música, audiolibros y entretenimiento. Combínalo con una alimentación sana y ya estarás en el camino de los beneficios que te cambiarán la vida.

Sin embargo, no te sorprendas si empiezas a entusiasmarte con actividades más enérgicas, que las veías fuera de tu alcance. Todo eso de verse y sentirse bien puede apoderarse de ti tanto como el alcohol.

Una advertencia rápida antes de continuar: Si eres alguien que utiliza el alcohol como manta de consuelo (como yo hacía), existe la posibilidad de encontrar una nueva en otra parte. Para muchos, acaba siendo la comida, y más concretamente, la comida azucarada.

Los dulces y otras golosinas azucaradas hacen que el cuerpo libere dopamina, la sustancia química de "sentirse bien". El alcohol también lo hace, de ahí que mucha gente acabe teniendo esa "adicción cruzada". Además, si has estado bebiendo regularmente, tu cuerpo está acostumbrado a todo el azúcar que se esconde en el alcohol. (Recuperación de Silver Maple).

Si te estás alejando del consumo habitual de alcohol y de la ingesta excesiva de calorías descrita anteriormente, probablemente tengas margen de sobra para darte algún capricho. Sin embargo, es aconsejable que te informes sobre el contenido de azúcar de esos caprichos y no te conviertas en un cliente habitual de la pastelería en lugar de tu bar local. Moderación en todo.

En las siguientes secciones, nos alejamos de los fundamentos del peso y la forma del cuerpo y nos adentramos en otras formas en las que el alcohol estropea tu organismo.

Uno pensaría que después de hacerte ganar peso y de impedirte desarrollar músculo, el alcohol ya habría acabado contigo, pero nada más lejos de la realidad. Le gusta castigarte por tus indulgencias también de otras formas, empezando por la piel.

Wow, pareces 10 años más joven

Quizá no haya peor momento para hacerse una selfie que cuando se tiene resaca: bolsas bajo los ojos, labios resecos y una piel que, de alguna manera, se las arregla para estar grasa y deshidratada al mismo tiempo.

Si bebes durante años y años, es probable que nunca veas una foto tuya con la que estés completamente contento.

Hacia el final de mi época de bebedor, parecía (y me sentía) 20 años mayor de lo que decía mi certificado de nacimiento. El alcohol por sí solo me hacía parecer demacrado, cansado y enfermo, por no hablar de los cigarrillos y la cocaína. Cuando el desbloqueo FaceID de tu iPhone deja de reconocerte a la "mañana siguiente", o la persona que aparece en la foto de tu pasaporte parece un impostor, ¡empiezan a sonar las alarmas!

Mucha gente asocia fácilmente el alcohol con que es malo para el hígado; hablaremos de ello en breve. Menos gente parece saber hasta qué punto afecta el alcohol a la piel. Cuando se ven fotos del "antes y el después" de personas que han dejado de beber, una de las cosas que más llama la atención es lo mucho que brillan y resplandecen. Vuelven a estar sobrios.

O tienes un aspecto "sano" o no lo tienes, y la piel deshidratada de un bebedor habitual no suele tener buen aspecto.

Esta es la parte científica: El alcohol afecta a la piel de diferentes maneras (WebMD, 2020). En primer lugar, te deshidrata, dejándote con un aspecto hinchado e "inflado". Las bolsas bajo los ojos se deben a la falta de sueño, casi inevitable cuando bebes.

Por supuesto, si como yo, también tomas drogas, puede que no duermas nada. En lugar de eso, te quedas mirando la pared durante seis horas, desesperado por dormir ALGO antes de que suene la alarma del trabajo.

Por si "hinchado e inflado" no fuera suficiente, el alcohol también puede hacer que te veas rojo y ruborizado, a veces convirtiéndose en una auténtica rosácea. Esto puede convertirse en un problema a largo plazo, dejando un enrojecimiento constante, al igual que el rinofima, a menudo conocido como "nariz de alcohólico".

Algunas personas tienen alergia al alcohol, que puede provocar urticaria, y el alcohol también puede desencadenar sensibilidad al sol. Además, a largo plazo, existen otras afecciones como la psoriasis, la celulitis e incluso el cáncer de piel.

Son cosas que dan miedo, pero que tienen una solución eficaz: dejar el alcohol.

Volvamos a lo que se ve en el espejo. Aunque tengas la suerte de evitar las consecuencias más graves, beber alcohol tendrá un efecto perjudicial en tu piel.

La otra cara de la moneda es que dejar de beber alcohol te hará parecer más joven, más radiante y con un rostro más fresco. ¿Y quién no querría eso?

Después de haber asistido a muchos grupos de Alcohólicos Anónimos, he pasado mucho tiempo adivinando la edad de los oradores invitados sobrios. Siempre parecen mucho más jóvenes de lo que son. El brillo de la sobriedad hace que sea muy difícil adivinar la edad de alguien que no ha bebido durante un tiempo. Y nunca dejan de recibir comentarios positivos de la gente que dicen.

A continuación, pasamos al interior del cuerpo, empezando por el intestino. Este puede ser un momento apropiado para una advertencia de "demasiada información".

La verdad ineludible es que el alcohol también hace que ocurran cosas bastante desagradables bajo la superficie.

Pedos sin alcohol

El cliché "si entra basura, sale basura" es estomacalmente exacto cuando se trata del alcohol.

A fin de cuentas, no es una sustancia que el ser humano esté hecho para procesar. ES veneno y el cuerpo lo rechaza como tal. Un lugar donde esto se pone de manifiesto es en el intestino.

Estar hinchado y acabar con panza de cervecero (o de vino) es el menor de los problemas. Muchos bebedores, como yo, desarrollan síntomas comunes del Síndrome del Intestino Irritable (SII). Distensión abdominal, gases, calambres, diarrea, estreñimiento y dolor de estómago eran síntomas frecuentes que yo consideraba "normales" hasta que dejé de beber.

No solo padecía SII, sino también acidez estomacal y reflujo.

"El ardor estomacal es una sensación de quemazón en el pecho provocada por el ácido estomacal que sube hacia la garganta (reflujo). Si se repite, se denomina enfermedad por reflujo gastroesofágico" (NHS).

Se ha demostrado que los síntomas se desencadenan en gran medida por el alcohol (Pan, 2019) y estoy seguro de que el café, el cigarro y la cocaína (que era mi dieta en ese momento) tampoco ayudaban. Regularmente me despertaba con acidez y un sabor agrio en la boca. Esto me provocaba mal aliento y más hinchazón. No es de extrañar que estuviera soltero durante la mayor parte de mis días de borrachera.

Lo loco es que aceptaba todos estos síntomas como "normales" y me sentía incómodo constantemente porque no estaba seguro de lo que haría mi cuerpo a continuación. Se podría pensar que estos síntomas son suficientes para dejar de beber de por vida, pero hay muchos más de los que hablar.

El alcohol está relacionado con todo tipo de afecciones estomacales, como gastritis, úlceras y el ominoso síndrome del intestino permeable. (Libbert, 2021).

El hecho de que el alcohol te deshidrate es suficiente, por sí solo, para causar estragos en tu digestión. Los bebedores habituales suelen sufrir episodios de estreñimiento (causado por la deshidratación y el exceso de bacterias intestinales) y diarrea.

Por si fuera poco, los episodios repetidos de estreñimiento pueden provocar hemorroides. Por si hiciera falta demostrar que las películas ofrecen una visión poco realista del alcohol, a menudo vemos a James Bond pidiendo un martini, ¡pero nunca se le muestra en la farmacia pidiendo crema para las hemorroides!

El hecho es que el estómago no quiere alcohol en su interior. Y los inconvenientes de un sistema digestivo "poco fiable" pueden ser mucho peores para quienes cruzan la línea de la bebida regular y crónica.

Tu nivel general de salud está enormemente influenciado por la salud de tu intestino. (RecoveryNutrition, 2021). Una mala salud intestinal puede ponerte en una situación de inflamación sistémica, lo que puede aumentar tus probabilidades de padecer Alzheimer, problemas cardíacos, diabetes, Parkinson y varios tipos de cáncer.

Hay muchas cosas que se pueden hacer para mejorar la salud intestinal, de ahí que las estanterías de las tiendas estén repletas de yogures probióticos, suplementos, kéfir y kimchi. Pero lo único que puede socavar todo lo que hagas por tu intestino es ingerir alcohol. Tu sistema digestivo no lo quiere y reaccionará en consecuencia.

Si a esto le añadimos todo lo que viene de la mano del alcohol: mala alimentación, poco ejercicio y quizá también drogas, no es de extrañar que tu sistema no funcione como debe ser.

No hay dos cuerpos iguales, así que tu salud intestinal puede variar. Puede que aún no notes ningún efecto importante. Sin embargo, es muy común que las personas que acaban de recuperar la sobriedad se sorprendan de lo mucho que cambian las cosas en ese aspecto.

Para no extenderme demasiado, es habitual que, tras dejar de beber, la digestión pase de ser "impredecible" a ser "regular como un reloj". Las personas que acaban de recuperar la sobriedad suelen darse cuenta de lo mucho que había llegado a "aguantar", como la indigestión, la acidez estomacal y una sensación de náuseas de fondo. Desde luego, esa era mi "normalidad" cuando bebía.

Lo que es indiscutible es que dejar de beber hará magia por tu salud intestinal. Y eso implica mucho más que la alimentación y la digestión.

A menudo se habla del "instinto visceral" y de "confiar en el instinto". Cuanto más lo investigan los científicos, más nos damos cuenta del papel que desempeña el intestino en nuestra sensación general de bienestar.

A menudo se habla del intestino como "el segundo cerebro". Está conectado con el cerebro y desempeña un papel vital en nuestras sensaciones e intuición (Mind and Body Works). Expresiones como sentirse "mal del estómago" o "sentir mariposas" resaltan esta conexión. Una buena salud intestinal es clave para una buena salud en general, tanto mental como física.

Una vez eliminado el caos que el alcohol provoca en el sistema digestivo, serás libre para "confiar en tu instinto", ¡en más de un sentido! No solo puedes vivir una vida sin un mapa mental de los aseos más cercanos, sino que también puedes empezar a apoyar ese papel de "segundo cerebro" que desempeña el intestino.

A medida que pasas más tiempo sobrio, empiezas a estar más en contacto con tu cuerpo y con tu "instinto visceral". Un sistema digestivo fiable es, para muchos, una gran mejora en sí misma, pero los beneficios pueden ir mucho más allá de tener pedos sin alcohol.

Por ahora, basta de hablar de "ir al baño". Aunque ya hemos mencionado algunas enfermedades bastante aterradoras, aún hay cosas peores por venir.

Temblores, sudores y alucinaciones (signos de alcoholismo)

Hasta ahora, nos hemos ceñido a un tono ligero, a pesar de las referencias a varias enfermedades graves y potencialmente mortales que pueden ser causadas y exacerbadas por el alcohol.

En esta sección no hay ocurrencias ni analogías divertidas: la dependencia del alcohol es algo mortalmente serio. Más de tres millones de personas mueren cada año por el "uso nocivo del alcohol" (Organización Mundial de la Salud, 2018).

Algunas personas tiemblan, sudan y tienen alucinaciones cuando consumen alcohol. Todos esos son signos físicos, y extremadamente peligrosos.

Otros signos pueden ser:
- Sudoración.
- Temblores en las manos (sacudidas).
- Insomnio.
- Irritabilidad.
- Ansiedad y depresión.
- Pérdida de apetito.
- Dolores de cabeza.
- Vómitos.
- Náuseas.
- Pulso acelerado (más de 100 pulsaciones por minuto).
- Inquietud.
- Irritabilidad.
- Desorientación.
- Problemas respiratorios.

(Fuente: Drinkaware)

Otros problemas pueden causar varios de estos síntomas, pero lo fundamental es que cualquier persona que beba con regularidad acuda a un médico profesional antes de dejar de hacerlo bruscamente.

Dejar de beber bruscamente y sufrir el síndrome de abstinencia alcohólica puede provocar convulsiones y muerte súbita. No es ninguna broma, así que consulta siempre a tu médico antes de dejar de beber. Entre los síntomas específicos que hay que tener en cuenta están las alucinaciones, los vómitos repetidos y los temblores intensos.

Al recordar los síntomas que me infligí a mí mismo, estoy muy agradecido por haber dejado de beber y drogarme. Aunque la abstinencia física fue relativamente leve, mi consumo de alcohol y drogas me llevó a numerosas visitas al médico, a urgencias a altas horas de la noche y a pasar la noche en el hospital.

Uno pensaría que eso bastaría para que una persona se pusiera en acción.

Pero no fue así.

¿Qué puede venir después?

Nada bueno: Afecciones hepáticas como la cirrosis y el hígado graso, accidentes cerebrovasculares, cardiopatías y muchos tipos de cáncer, como el de garganta, colon, recto, mama y boca (CDC). La respuesta a lo que viene después es, por desgracia, la muerte.

Desafortunadamente, dejar de beber no te compra un pase libre a la buena salud eterna. Pero sí reduce drásticamente las probabilidades de que ocurran muchas cosas malas y de que mueras de forma prematura.

La ciencia apoya la probabilidad de que eso ocurra. Las personas que beben más de 18 bebidas alcohólicas a la semana pueden esperar vivir cuatro o cinco años menos que los no bebedores. (Therrien, 2018). Es más, los bebedores "moderados", que consumen entre 10 y 15 bebidas a la semana, suelen morir uno o dos años antes de tiempo.

Hay mucho que puedes hacer, lograr y disfrutar en esos años. Y no se trata solo de que tu vida se acorte. El tiempo que realmente pasas bebiendo y recuperándote puede sumar muchos más años, como veremos un poco más adelante.

Si quieres determinar si estás bebiendo demasiado o desarrollando una dependencia, Drinkaware dispone de una herramienta de evaluación que se incluye en la sección de recursos de este libro.

Me gustaría insistir en la importancia de hablar con tu médico en caso de duda. El alcohol es una droga ampliamente disponible que afecta a millones de personas. No será la primera vez que ayuden a alguien que tiene dependencia.

Al final de este libro encontrarás otros recursos que pueden ofrecerte más ayuda y orientación.

A continuación, pasamos de la salud física a la salud mental, algo que puede escasear si bebes con regularidad.

Deja de perder el control

Ya he pintado un panorama bastante sombrío de mi vida con el alcohol y las drogas. Pero la cosa empeora.

He perdido la cuenta de las veces que me he despertado en un sofá desconocido, sin cartera, sin teléfono, sin llaves y sin saber qué había pasado la noche anterior. Si a eso le añadimos la resaca, nos encontramos con la temida "ansiedaca".

Pasé muchos días reconstruyendo los acontecimientos de la noche anterior y tratando frenéticamente de reparar los daños, mientras me sentía tembloroso y enfermo, con un fuerte dolor de cabeza y una sensación de fatalidad inminente y depresión decreciente, mientras lidiaba con el trabajo.

No es de extrañar que "nunca te arrepientes de haberte levantado sin resaca" sea un cliché.

Lo que hace que esos días de ansiedad sean aún peores es que sigues teniendo todos los problemas que tenías cuando empezaste a beber la noche anterior, y es muy probable que los hayas empeorado.

¿Quieres "unas cervezas" para drenar el estrés del trabajo? Bien hecho, sigues teniendo el estrés laboral, pero ahora tienes que hacer la presentación del proyecto de la empresa con las manos temblorosas y un aroma a tequila rancio.

¿"Un poco" de vino porque estabas preocupado por el dinero? Enhorabuena, ahora tienes aún menos dinero.

¿Un trago para "agarrar valor" porque te preocupaba la gran cita? Pues perdiste la oportunidad cuando empezaste a arrastrar las palabras y ya han bloqueado tu número por haber enviado mensajes sin sentido a las 2 de la madrugada.

Utilizar el alcohol para intentar "lidiar" con los sentimientos y las emociones es ridículamente erróneo. Es increíble que alguien siga intentándolo. Muchos exbebedores lo llaman "jugar a la vida en modo difícil".

Homero Simpson probablemente no sea la primera persona a la que acudirías en busca de consejos sobre salud mental, pero hay mucha sabiduría en la tan usada cita: "¡Por el alcohol! La causa y la solución de todos los problemas de la vida".

El alcohol no soluciona los problemas de salud mental. Ni siquiera es una muleta especialmente eficaz. Cualquier alivio que proporcione es a corto plazo, en el mejor de los casos.

Cuando dejas de beber, empiezas a reconocer la locura que supone utilizar el alcohol para sobrellevar los incómodos primeros 30 minutos de un acto social. Para algunos, el precio es hacer una tontería y pasarse la semana siguiente lamentándolo. Y, por supuesto, puedes arrepentirte de ciertas cosas durante años. Todavía me avergüenzo de haberme caído por la torre de champán en la fiesta de compromiso de mi amiga; lo siento, Aimee y Matt.

Termine como termine la noche, por lo general se obtiene una compensación increíblemente pobre por 30 minutos de "relajación".

El alcohol nunca ayuda con los problemas de salud mental. Los agrava. Y, una vez más, la ciencia lo corrobora.

El alcohol es una sustancia extraña. Al principio actúa como estimulante, haciendo que el cerebro libere dopamina, la "hormona de la felicidad" (Healthline). Aumenta el ritmo cardíaco, potencia los niveles de energía y reduce las inhibiciones.

Pero el alcohol es, ante todo, un depresor. También se une a los receptores del ácido gamma-aminobutírico (GABA), que tiene un efecto sedante. En esencia, el alcohol es una droga "depresiva". También inhibe el glutamato, lo que altera el funcionamiento del cerebro, los nervios y la memoria. (AddictionCenter).

Además, en otro cruel giro de la ironía, reduce la liberación de toda esa alegre dopamina (cuando se consume en grandes dosis). Esa es la razón por la que tanta gente empieza la noche animada pero la termina con la mirada triste o enfadada.

La espiral química continúa después de dejar de beber. Mientras consumes alcohol, tu cuerpo empieza a liberar cortisol, conocida como la hormona del estrés (Buddy T, 2020). Tus niveles de cortisol continúan en "pico" durante algún tiempo. Quienes beben mucho necesitan esperar una SEMANA hasta que los niveles de cortisol se normalicen (Loria, 2017).

El cortisol proviene de las glándulas suprarrenales y es lo que hace que la gente esté inquieta, nerviosa y con pánico. Cuando los efectos depresivos y sedantes del alcohol empiezan a desaparecer, el cortisol se dispara. Esto se manifiesta a menudo cuando uno se despierta sobresaltado a las 4 de la mañana, con el corazón latiéndole a mil por hora tras una noche de copas y la boca más seca que el desierto del Sahara.

El cortisol continúa su ataque en los días posteriores a una sesión, desempeñando un papel importante en la "ansiedaca". El cortisol es ampliamente conocido como el sistema de alarma incorporado en la naturaleza (WedMD, 2020). Así que es no sorprende que inundar tu cerebro con él te haga saltar sobre tu propia sombra.

Para colmo, mientras el cortisol está maltratando tu salud mental, también está haciendo cosas malas a tu salud física. Un exceso de cortisol hace que el cuerpo libere insulina y la energía extra acaba almacenada en forma de grasa. (Hayes, 2018). También se une al alcohol para hacer que te apetezca comida basura.

Y aún no ha terminado contigo. El exceso de cortisol dificulta que el cuerpo desarrolle músculo. Y si haces ejercicio mientras te inunda, tus músculos estarán más tensos y serán más susceptibles a las lesiones. También dificulta la recuperación.

Lo que realmente asusta es cuánto puede durar el efecto del cortisol. Si los niveles de la principal hormona del estrés pueden dispararse durante *toda una semana* después de beber, tu salud mental no tiene ninguna posibilidad. Si bebes con regularidad, incluso semanalmente, el ciclo de daños vuelve a empezar antes de que tu cerebro se haya reparado de la agresión anterior.

No es de extrañar que el alcohol se relacione tan a menudo con la depresión y la ansiedad. Es un depresivo real y sobrecarga el cerebro con una hormona que, literalmente, provoca ansiedad.

Esto pone en ridículo toda la teoría de la "relajación", ¿verdad?

El alcohol empaña el cerebro, afecta a la memoria y te hace mucho menos capaz de enfrentarte a los inevitables retos que te plantea la vida. Por suerte, al igual que ocurre con el aspecto físico, se puede reparar el daño dejando de beber.

Un estudio sobre alcohólicos recuperados demostró que las "capacidades cognitivas y mentales" de los que habían dejado de beber volvían a ser "indistinguibles" de las de los no alcohólicos de la misma edad (DeNoon, 2006). Hubo una pequeña excepción en torno a la "orientación espacial". ¡Es posible que los alcohólicos en recuperación siempre sean un poco peores leyendo mapas y montando muebles planos!

Quizá la "mejora" de salud mental más gratificante de dejar el alcohol sea aprender a enfrentarse a las complicaciones de la vida sin "ayuda" química.

Por ejemplo, las personas recuperadas se dan cuenta enseguida de que casi todo el mundo se pone nervioso al principio de una fiesta o de un evento laboral. No es necesariamente fácil, pero con el tiempo te das cuenta de que te relajas y notas que tus inhibiciones desaparecen al poco tiempo de todos modos.

Piensa en los niños pequeños en una fiesta de cumpleaños. Al principio suelen pegarse a sus padres o quedarse en los bordes de la sala. Al final, están corriendo por todas partes y no quieren irse a casa. ¡Y no es porque hayan bebido alcohol!

Todo se suma a otro de esos círculos virtuosos. Con el tiempo, te das cuenta de que te las arreglas bien sin la muleta. Eso refuerza tu autoestima y hace que te las arregles aún mejor la próxima vez. Además, te quitas de inmediato las borracheras y las resacas.

Hay mucho que decir sobre la "claridad radical" que obtienes cuando dejas de beber. Dejas de tener que preguntarte si fuiste demasiado ruidoso, demasiado conflictivo o demasiado "exagerado". Te haces dueño de tus elecciones y decisiones, sabiendo que fuiste tú quien las tomó y no la bebida.

Y, como ocurre con todos los efectos positivos de dejar el alcohol, esto se agrava con el tiempo. Las buenas decisiones y las experiencias positivas engendran más buenas decisiones y experiencias positivas, en lugar de que las malas engendren negativas.

Dejar de beber no es necesariamente una cura mágica para la salud mental. Es muy posible que la ansiedad, la depresión y otros trastornos sigan existiendo en tu yo real posterior al alcohol. Para empezar, podrían haber sido la razón por la que empezaste a beber demasiado. Pero al menos tienes la oportunidad de saber a qué te enfrentas.

Automedicar tu salud mental con alcohol te priva de esa oportunidad. Es como intentar conducir un auto sin motor. No llegarás muy lejos.

Cuando estás sobrio y tu mente, tu cuerpo y tus intestinos puedan funcionar tal y como fueron diseñados, estarás mucho más en sintonía contigo mismo. Tu intuición se agudiza y por fin puedes conocer tus estados de ánimo y niveles de ansiedad "base". Empiezas a saber con qué situaciones tienes dificultades y a reconocer las áreas en las que podrías beneficiarte de algún tipo de ayuda.

Cuando beber alcohol es la respuesta cada vez que "te sientes un poco mal", nunca sabrás realmente cómo manejar tus pensamientos, sentimientos y situaciones. Puede que te lleves una grata sorpresa y te encuentres mucho más "zen" por el mero hecho de haber dejado el alcohol. Sin embargo, también es posible que sientas que necesitas más ayuda.

Recibir asesoramiento puede ser una buena forma de aumentar tu autoconocimiento y trabajar más tu intuición. Más adelante hablaremos de ello con más detalle.

Aunque no hay garantías, muchas personas descubren que dejar el alcohol mejora enormemente su salud mental. Otro cliché de la sobriedad (¡hay muchos!) es: "Siempre pensé que el alcohol aliviaba mi ansiedad, no sabía que la causaba".

La única manera de saberlo con seguridad es probar la sobriedad por uno mismo.

Hacer estupideces

Las consecuencias para la salud de beber demasiado son evidentes, pero también existen otros peligros. También pueden tener repercusiones aterradoras en tu salud física y mental, así como en tu vida cotidiana y en tu futuro.

La cruda realidad es que el alcohol puede hacerte cometer auténticas estupideces.

En Estados Unidos, solo en un año, hubo alrededor de 147 millones de conductores ebrios (Masterson, 2022). Mientras que se estima que un tercio de los fallecidos en accidentes de tráfico son conductores ebrios.

Aunque la conducción bajo los efectos del alcohol es ilegal en todo el mundo (con diferentes límites en cuanto a lo que se tolera), las actitudes de la sociedad hacia la conducción bajo los efectos del alcohol son INSANAS. La cantidad de veces que he oído decir "conduzco mejor cuando bebo" demuestra lo ebrio que está este mundo realmente.

Hay un montón de "buena gente" cumpliendo largas penas de prisión por delitos de conducción bajo los efectos del alcohol cuando pensaban que podían salirse con la suya.

Decidir ponerse al volante después de haber bebido demasiado es solo uno de los millones de actos de estupidez que puede desencadenar el alcohol. Incluso los tropiezos y caídas "superficiales" pueden obligarte a ir al hospital o provocarte una lesión de la que tengas que pasar semanas recuperándote y dando explicaciones.

Si bebes habitualmente, puede que te hayas lesionado alguna vez mientras bebías. Si no, seguro que recuerdas alguna ocasión en la que estuviste a punto. Cada vez que te pasas con la bebida, te la juegas a que ese sea el momento en el que te despiertes con algo más que un dolor de cabeza y una sensación de arrepentimiento con la que lidiar.

No se trata solo del riesgo de arresto, muerte y lesiones físicas (aunque deberían ser suficientemente graves). La disminución de las inhibiciones y el deterioro del sentido común pueden alterar gravemente la percepción del riesgo.

El "peligro de los desconocidos" no es algo que deba preocupar solo a los niños. Beber te hace vulnerable y, aunque muchas veces "te salgas con la tuya" yendo a casa con gente cualquiera, la próxima vez siempre puede ser el momento en que te pongas en grave peligro.

También hay un lado sexual inevitable: despertarse al lado de alguien a quien no recuerdas haber conocido no solo te llena de vergüenza, sino que también te pone en riesgo de contraer ITS y embarazos no deseados.

Podría escribir otro libro entero sobre las malas decisiones que he tomado (y los terroríficos riesgos que he corrido) bajo los efectos del alcohol. Pero soy afortunado: acabé en rehabilitación y no en los otros dos lugares a los que van los adictos: la cárcel o el cementerio local.

El alcohol fue una droga de entrada para mí, como lo es para mucha gente. No solía comprar cocaína cuando estaba sobrio, pero era casi inevitable después de la tercera copa. Los riesgos de comprar drogas en estado de embriaguez son muchos: desde que te sorprendan recogiéndolas y te detengan hasta inhalar veneno para ratas sin querer. Una vez más, se trata de un ámbito en el que uno puede "salirse con la suya" mil veces antes de volverse loco la siguiente.

Todos estos riesgos encajan en este capítulo sobre la salud porque sus efectos pueden afectar a tu salud. Las escapadas de borrachera pueden llenarte de vergüenza, miedo y ansiedad, aunque no ocurra lo peor, y eso es criptonita para tu salud mental. Puedes pasar semana, meses o años pensando en lo cerca que estuviste del desastre o preguntándote si sonará el teléfono (o llamará a la puerta la policía) por algo que ni siquiera recuerdas haber hecho.

Y, cuando la suerte se acaba, puede hacerlo de forma espectacular. Cualquiera de esos 147 millones de viajes en coche en estado de embriaguez puede acabar en detención, prisión, pérdida del trabajo o la muerte. No es un melodrama ni una exageración, porque muchos de ellos acaban así.

Puede que pienses que nunca te ocurriría hasta que te ocurre.

Hay una razón, muchas razones, por las que el alcohol suele encabezar la clasificación de drogas peligrosas. La gente suele decir que si se descubriera ahora, no habría forma de que fuera legal. El hecho de que sea una droga que está en todas partes no significa que no estés jugando con fuego al consumirla. La próxima vez siempre puede ser el momento en que las cosas vayan muy mal.

***

Los argumentos a favor de mantenerse sobrio en un mundo de ebrios ya son de por sí bastante convincentes: más confianza, mejor aspecto, no más culpabilidad sin sentido, menos posibilidades de desarrollar una enfermedad grave de la que te culparás y menos posibilidades de hacer algo de lo que te arrepentirás el resto de tus días.

Pero la salud y la cordura son solo el principio. El siguiente capítulo habla de algo que la mayoría de la gente anhela: el dinero.

Capítulo 2:

La Libertad Financiera de la Sobriedad

El alcohol es caro. Las drogas son aún más caras. Los taxis nocturnos son caros. La comida para llevar es cara.

Todo es caro. Y no importa si crees que "te lo puedes permitir".

Trabajando como asesor financiero en Londres, mi sueldo era decente, muy por encima de la media. Pero mi incapacidad para decir "no" hacía que siguiera saliendo y acabara sin nada a final de mes. Elegía tener cierto estilo de vida por encima de todo. Y lo único que obtenía eran recuerdos desiguales, ansiedad por las borracheras y deudas.

Conseguí convencerme de que estaba viviendo una vida con la que la gente soñaba. Y de nuevo, ese mito cultural del "glamour" en torno a la bebida y la fiesta aparece.

Ahora sé lo equivocado que estaba.

El costo de las resacas

En el capítulo anterior aprendimos algunas duras lecciones sobre el costo calorico y la repercusión en la salud del alcohol. Veamos ahora el costo financiero: libras y peniques, dólares y centavos.

Para estos ejemplos, nos fijamos en algunos de los costes de una típica noche de fiesta en Londres. Los países y las ciudades varían, pero todo suma, estés donde estés y tengas el sueldo que tengas.

Al fin y al cabo, todo es relativo: si gastas más de lo que ganas, estás endeudado. Si ahorras más de lo que gastas, tienes crédito.

Empezaremos con un "tarde" bastante normal bebiendo un par de gin tonic. El mismo del que hablamos en el capítulo anterior, el que tiene más de 2.500 calorías.

Artículo	Costo por unidad	¿Cuántos?	Total
Gin tonic en un bar de la ciudad	£9 ($12)	8	£72 ($97)
Taxi a casa	£30 ($41)	1	£30 ($41)
Comida para borrachos	£10 ($14)	1	£10 ($14)
Comida para la resaca	£10 ($14)	1	£10 ($14)
		Total	**£122 ($166)**

Los costes en dólares estadounidenses se basan en un tipo de cambio aproximado de £1=$1,36.

Puede que £122 libras ($166 dólares) no te parezcan tanto. O quizá te parezca mucho. Pero recuerda que esto se puede calcular para lo que ganes y gastes en una noche típica de fiesta.

Si tienes una "noche tranquila" como la que se representó antes dos veces por semana, esas noches te costarán £12.688 libras ($17.256 dólares) al año.

Ni siquiera hemos tenido en cuenta nada que no sea comida barata para llevar, ni hemos pensado en la botella de vino o el paquete de cerveza que se compran para una noche tranquila.

Veamos ahora las cifras que durante muchos años me hicieron tener miedo de consultar mi saldo bancario. Esto es lo que podría ser para mí una verdadera "gran noche":

Artículo	Costo por bebida	¿Cuántas?	Total
Un vaso de cerveza	£5 ($7)	6	£30 ($42)
Copa de vino	£7 ($10)	3	£21 ($30)
Cóctel	£12 ($16)	3	£36 ($48)
Ronda de tragos	£30 ($41)	1	£30 ($41)
Entrada a la discoteca	£20 ($27)	1	£20 ($27)
Gramo de cocaína	£60 ($82)	2	£120 ($164)
Paquete de cigarrillos	£12 ($16)	2	£24 ($32)
Taxi a casa	£30 ($41)	1	£30 ($41)
Comida (antes y después)	£30 ($41)	1	£30 ($41)

		Total	£341 ($466)

Los costes en dólares estadounidenses se basan en un tipo de cambio aproximado de £1=$1,36.

Cuando te dejas llevar de verdad por la "escena fiestera", el costo es asombroso. Lo más disparatado es que casi se convierte en una medalla de honor tener "una noche de £341 libras".

Todo en la vida es relativo: puede que no tengas noches como las de la tabla de arriba. Yo he tenido MUCHAS noches que han costado MUCHO más que esa, sobre todo las que empezaban con actividades planificadas o con una comida de lujo.

Hagas las cuentas como las hagas, el resultado final es aterrador. Solo una de esas "grandes noches" cada dos semanas añade £8.866 libras ($12.058 dólares) al total anual del "estilo de vida fiestero", elevándolo a £21.554 libras ($29.314 dólares).

Y ni siquiera hemos pensado en lo que pasa en vacaciones, en Navidad, en tu cumpleaños, en el cumpleaños de los demás, en conciertos y festivales, y en cualquier otra ocasión "especial".

No es de extrañar que, a pesar de mi elevado sueldo, siempre gastara hasta el último centavo. De hecho, fui más allá y me endeudé. Vivía por encima de mis posibilidades y ni siquiera pensaba en ahorrar.

El endeudamiento no es inusual. El 63% de los adultos del Reino Unido tiene alguna deuda personal (Calic, 2022). Pero yo tenía un buen trabajo con un buen sueldo. También estaba entregando más de £20.000 libras a camareros, traficantes de drogas y restaurantes de comida para llevar cada año. Realmente no había excusa para formar parte de esa estadística.

Te recomiendo encarecidamente que calcules el costo anual aproximado de tu consumo de alcohol. No incluyas solo el alcohol, porque, como hemos visto, todos los costos asociados también suman.

Es posible que también tengas que incluir lo que yo describo como momentos de "a la mierda" relacionados con el alcohol, como entradas de última hora para festivales y viajes cortos a Las Vegas e Ibiza, financiados con tarjeta de crédito. No parecen inversiones inteligentes cuando se miran con ojos sobrios. Cuatro días de viaje pueden dar lugar a una deuda que puede tardar literalmente años en saldarse.

Lo que hace que estos viajes tengan un valor aún peor es que, con alcohol y drogas de por medio, ¡normalmente vuelves a casa necesitando otras vacaciones para recuperarte!

Incluso si el total que te gastas en "vivir a lo grande" no es tan asombroso como el mío, es casi seguro que sigue siendo una cantidad significativa. Incluso un par de botellas de vino medio decentes a la semana suman más de £1.000 libras ($1.351 dólares) al año y eso si las compras para beber en casa.

Una vez más, el alcohol es caro.

Y lo que es peor.

Las resacas tampoco son buenas para la economía.

La gente no suele pensar en inversiones, pensiones y planes a largo plazo cuando tiene resaca. Ya es bastante esfuerzo lidiar con el pedido de Deliveroo y decidir qué ver en Netflix.

Así que, además de gastar demasiado y posiblemente endeudarte, tampoco estás haciendo nada para avanzar. Es fácil pasar años haciendo esto, como hice yo, sin darte cuenta de que los demás avanzan mientras tú te quedas estancado.

Haz todo esto semana tras semana y estarás atrapado en otro de esos círculos viciosos de los que seguimos hablando.

Por suerte, tienes la misma poderosa solución: dejar el alcohol.

El bono de la sobriedad- £506.898 ($689.381)

Del mismo modo que puedes gastar una cantidad increíble de dinero saliendo a beber, puedes ahorrar una cantidad significativa dejando de hacerlo. El peso disminuye y el dinero empieza a acumularse.

Este es otro ejemplo de cambio de un circuito de retroalimentación malo por uno bueno.

En mi caso, el alcohol fue la puerta de entrada a todo tipo de estupideces: apostar, comprar drogas, comer comida grasienta para llevar y tomar taxis en lugar de esperar tres minutos el tren.

Todas ellas eran cosas que nunca haría sobrio, así que cuando dejé de beber, TODAS se acabaron. Eso es mucho dinero ahorrado.

Las personas que acaban de dejar la bebida suelen sorprenderse de lo rápido que empiezan a ahorrar dinero. Hay varias razones para ello:

En primer lugar, las personas sobrias rinden más en el trabajo. Vamos a quitarnos de la cabeza eso de que "no afecta a mi trabajo". Sí afecta porque pasas el día "enfermo" en el trabajo. La gente se da cuenta cuando sus compañeros están grises y temblorosos en las reuniones, cuando llegan tarde, cuando huelen a alcohol y cuando son los más ruidosos y borrachos en los eventos de trabajo.

Como hemos visto en el capítulo anterior, dejar de beber hace cosas mágicas por tu salud física y mental. Llega al trabajo con más energía, vigor y claridad mental, y la gente lo notará. Además, disfrutarás más.

Ese "resplandor de la sobriedad" vuelve a entrar en juego. Tus jefes verán el cambio en ti y de ahí se derivan todo tipo de cosas buenas. Un trabajo más interesante, más posibilidades de ascenso, mayores primas y la posibilidad real de conseguir un aumento de sueldo decente.

Como no bebedor, todo es diferente cuando llegan las 5 de la tarde. De repente, hay muchas más opciones que ir a la hora feliz o volver a casa para curar la resaca de la noche anterior.

Rápidamente te das cuenta de que te queda mucha gasolina en el depósito para hacer proyectos paralelos, proyectos que te apasionan, segundos trabajos y nuevas empresas.

Cuando de repente tienes un montón de energía extra inyectada en tu vida, sientes que todo es posible, y lo es. Muchas personas sobrias se convierten en actores y actrices de éxito, publican libros, se convierten en entrenadores, crean empresas y, finalmente, ganan dinero con las cosas que les apasionan.

Volvamos brevemente a lo de "gustar lo que ves en el espejo".

Una vez que inicies el proceso y empieces a construir algo de autoestima, te sentirás más cómodo trabajando en tu propia felicidad.

Es fácil condicionarte a ciertas expectativas como qué trabajo puedes hacer, qué puedes esperar ganar, qué limitaciones tienes. Gran parte de ese condicionamiento comienza a una edad muy temprana. Pero puedes deshacerte de él y empezar a manifestar cosas mejores para ti. Recomiendo encarecidamente el libro del Dr. Joe Dispenza *Breaking the Habit of Being Yourself* (Rompiendo el hábito de ser uno mismo) para saber más sobre la manifestación.

Con el alcohol fuera de escena, tienes más energía, más tiempo, más confianza, más motivación, más dinero, más orgullo. Tienes menos culpa, menos deudas, menos vergüenza y menos dolores de cabeza.

Cuando pones todas esas cosas juntas, empiezas a ver las cosas de manera muy diferente: ¿Por qué NO escribir el libro? ¿Por qué NO mudarse al extranjero? ¿Por qué NO crear una empresa? ¿Por qué NO practicar el deporte que tanto prometía de niño? ¿Por qué NO cambiar de profesión?

Otro efecto secundario de este círculo virtuoso es que puedes empezar a pensar en el futuro. Ahorrar y hacer crecer tu dinero puede que no parezca muy "*rock and roll*", pero llegar a la edad de jubilación sin un céntimo a tu nombre tampoco hace mucha gracia.

La primera vez que llegas a fin de mes con dinero de sobra en lugar de un sobregiro y una temible factura de la tarjeta de crédito, tu mentalidad empieza a cambiar. Tal vez puedas tener inversiones, ahorros y objetivos ilusionantes a largo plazo.

Beber y drogarse es una forma bastante impaciente de obtener gratificación a corto plazo, pero no dura. Es dinero que se va, literalmente, por el desagüe.

La gratificación retardada, que viene con el poder de decir "no", puede permitirte alcanzar metas que antes no creías posibles. Y decir "no" no significa ser "aburrido". Significa establecer límites claros y no ceder a las exigencias de los demás. Decir "no" no significa renunciar a cosas, sino conseguir más a largo plazo.

Volviendo a las cifras que vimos antes, imaginemos que ahorras la cantidad a la que llegamos por salir un par de noches a la semana (£12.688 libras). Si consiguieras guardar esa cantidad en algún sitio donde generara un retorno de 5% al año, tendrías unas £190.000 libras

($258.400 dólares) en diez años. Casi £50.000 libras ($68.000 dólares) de esa cantidad serían intereses.

Si haces una noche de fiesta como yo, las cifras son aún más asombrosas. Si sales dos veces por semana, gastas £35.464 libras al año. Guárdalo durante una década al mismo ritmo y tendrás £506.898 libras ($689.381 dólares). De esa cantidad, £116.794 libras ($158.840 dólares) son intereses.

(Fuente: The Calculator Site, CompoundInterestCalculator).

Tus números personales variarán, pero aunque gastes menos, la suma sigue siendo importante para cosas como depósitos para casas, bodas y autos nuevos... ¡quizá todo lo anterior!

Llegados a este punto, parece oportuno insistir en algo tan cliché como inevitablemente cierto: el dinero no puede comprar la felicidad. Como dijo Will Rogers, "demasiada gente gasta el dinero que ha ganado, para comprar cosas que no quiere, para impresionar a gente que no le gusta".

Bromas aparte, en la sobriedad se aprende que comprar "cosas", autos veloces, casas más grandes, vacaciones más lujosas y entregas interminables de Amazon, solo proporciona una felicidad temporal similar a la de la bebida.

El gasto excesivo puede incluso conllevar su propia resaca, en forma de "remordimiento del comprador". Se trata de la "sensación de arrepentimiento" que suele seguir a una gran compra, a menudo desencadenada cuando no se acaba utilizando la casa de vacaciones o el descapotable tanto como se esperaba, o cuando la compra no aporta la felicidad o la sensación de satisfacción que se esperaba. Es muy probable que hayas experimentado esa sensación alguna vez.

Hemos hablado mucho del dinero en este capítulo, pero es importante que lo veas como un extra y no como la única razón para darte una vida mejor lejos del alcohol.

La riqueza interior es siempre la ganadora, y esa riqueza llega cuando eres feliz sentándote contigo mismo un sábado por la noche, sin necesitar a nadie ni a nada para sentirte satisfecho. Afortunadamente, eso también forma parte del paquete de la sobriedad, como veremos en un capítulo posterior.

No te preocupes, ¡puedes estar sobrio, ser feliz y rico! Pero la salud, la paz interior y las relaciones satisfactorias son más importantes para una existencia más feliz.

Capítulo 3:
Relaciones en sobriedad

Las relaciones cambian cuando se deja de beber. En la inmensa mayoría de los casos, cambian para mejor, pero es importante saber qué esperar.

Puedo asegurarte, ahora mismo, que las personas sobrias no miran atrás y desean volver a tener sus relaciones disfuncionales y tóxicas, así que no te preocupes por lo que puedas perder. Ganas mucho más.

En este capítulo, cubrimos muchos aspectos de cómo cambian las relaciones cuando decides estar sobrio en un mundo de ebrios, desde las citas hasta la paternidad.

Un tema que recorre todo esto es que la sobriedad tiende a ofrecer relaciones mucho más profundas, pero generalmente con menos gente. En ningún sitio se nota más que en las amistades, así que empezaremos por ahí.

El sacrificio de la sobriedad

He aquí un ejemplo de mi época de bebedor, que se repitió literalmente cientos de veces:

Iba a trabajar un viernes por la mañana lleno de buenas intenciones. Este sería el fin de semana en el que haría cosas, jugaría al golf, comería bien, dormiría bien y no gastaría más de la cuenta.

Pero un compañero de trabajo me sugería que me tomara una copa para sacudirme el estrés de la semana o un amigo me llamaba con la idea de vernos de camino a casa.

Diez copas más tarde, el fin de semana estaba arruinado, junto con al menos la mitad de la semana siguiente.

Esta situación es familiar para millones de personas y sucede semana tras semana, año tras año: planes de fin de semana tirados por la ventana y cambiados por una breve sensación de ser "divertido" y "espontáneo", seguido de días de sentirse paralizado y paranoico en el sofá. Qué desperdicio.

Las personas que beben con regularidad suelen encontrarse en un grupo de "amigos bebedores". Si tienes un grupo en el que todos los planes giran en torno a un bar o una discoteca, probablemente sea tu caso.

Hay una famosa cita del conferenciante motivacional Jim Rohn que dice que "eres la media de las cinco personas con las que pasas más tiempo". Hay mucho de cierto en ello. Si lo único que hacen tus amigos es beber, eso es lo único que acabarás haciendo tú.

Vale la pena preguntarse qué implican tus amistades más allá de la bebida o las drogas. Tal vez el alcohol sea realmente secundario, pero no es nada raro que los grupos de amigos se formen en torno a nada más que una pasión compartida por la bebida.

Si te resulta familiar, no te preocupes. Puede parecer un poco desalentador dar la espalda a ese grupo, pero te aseguro que te esperan cosas mejores.

Si formas parte de un grupo así, puedes esperar que ocurran dos cosas cuando dejes de beber, lo que a menudo se conoce como "el sacrificio de la sobriedad".

En primer lugar, puede que algunos miembros del grupo te eviten o desprecien tus esfuerzos. Afortunadamente, al principio de la sobriedad, esto puede ser bueno. Al principio, no te entusiasmará demasiado pasar tiempo con gente que, de todos modos, bebe mucho.

Lo siguiente que sucede, a medida que tu confianza y autoestima crecen, es que te vuelves más selectivo sobre con quién quieres pasar el tiempo. Esta cita de Rikki Gale lo expresa muy bien:

"Antes entraba en una habitación llena de gente y me preguntaba si yo les agradaba... ahora miro a mi alrededor y me pregunto si ellos me agradan a mí".

A medida que te vas convirtiendo en una persona recién sobria, es casi seguro que te apetecerá reevaluar a quién quieres a tu alrededor. ¿Quién quieres que sean esas "personas de las que eres la media"?

Parte de la clasificación la harás tú. Mantente atento a la gente que te dice "¿no puedes tomar solo uno?" o "¡ya no eres divertido!". Puede que esas personas tengan que irse. Si no pueden apoyar tu deseo de una vida mejor, no deben formar parte de ella. Tal vez tu deseo de enfrentarte a tus propios malos hábitos les esté haciendo brillar una luz incómoda.

Como persona sobria, te acostumbras a decir "no". Una vez que has encontrado la fuerza para decir "no" al alcohol y a las drogas, decir "no" a una sola noche de fiesta no supone ningún reto.

Se trata de sustituir el miedo a perderte algo por la alegría de perderte algo. Se trata, de nuevo, de retrasar la gratificación, tanto a corto como a largo plazo.

Al decir no a un viernes por la noche en el bar, puedes pasar el fin de semana haciendo las cosas que realmente querías hacer. A largo plazo, dispones de dinero, energía y ganas para trabajar por objetivos más grandes y mejores.

Es una auténtica alegría acostarse un viernes por la noche con la ropa de cama limpia, sabiendo con certeza que vas a hacer las actividades que has planeado para el fin de semana. Levantarse temprano, fresco e inspirado es mejor que despertarse en el lugar equivocado, sin dinero y sin dignidad.

Los verdaderos amigos te apoyarán en tu deseo de superarte. Que esas personas contribuyan a tu "media" está muy bien. También es posible que descubras algunas sorpresas. Puede que las joyas más destacadas de tu grupo no sean las personas que esperas.

En cuanto a los demás, no tengas miedo de seguir adelante. Con el tiempo, habrá amigos sobrios que se incorporarán a tu círculo íntimo. Recuerda que se trata de calidad, no de cantidad.

Otra cosa que ocurre con el tiempo es que te sentirás preparado para volver a la escena social. El creciente movimiento de "sobrios curiosos" significa que muchos bares ofrecen muchas opciones para los no bebedores, así que no hay necesidad de tomarse una limonada con refresco o una Coca-Cola light toda la noche.

Ver la "escena" nocturna con ojos sobrios es fascinante. Puede que descubras que no te apetece salir hasta tan tarde. Puedes tomarte un par de cervezas artesanales sin alcohol o agua con gas si lo prefieres y ver a todo el mundo hasta el punto en que empiecen a discutir y a repetir. Luego te vas pronto a casa, te pones cómodo y disfrutas del día siguiente mientras ellos aprietan los dientes, llenos de remordimientos.

¿No es eso lo mejor de los dos mundos?

Las amistades son el ejemplo perfecto de cómo la abstinencia te deja menos relaciones, pero mejores y más profundas.

Cuando dejas claro que has decidido hacia dónde vas en la vida, la gente te apoyará o no en ese viaje.

También vale la pena reflexionar sobre el amigo que eres y los amigos que tienes. La amistad funciona en ambos sentidos y es muy probable que no beber te haga mejor amigo de las personas que te importan.

Los borrachos solo hacen buena mancuerda con otros borrachos. Más en general, suelen ser las personas que cancelan en el último momento, las que siempre aparecen más centradas en la bebida que en la ocasión y las que otros se preocupan por si invitar a la boda o al bautizo.

Puede que incluso haya amigos del pasado dispuestos a recibirte con los brazos abiertos. Tal vez no te hayas "distanciado" de ciertas personas. Tal vez se distanciaron de ti después de demasiados encuentros cancelados o comentarios descuidados.

Si te conviertes en un amigo de mejor calidad, atraerás amistades de mejor calidad. La verdadera amistad consiste en aparecer, estar presente y ser una fuente fiable de apoyo. No se trata de ser "el comodín" en todos los eventos sociales.

Las amistades pueden ser mucho más profundas sin el terreno común del alcohol.

La intimidad surge de una amistad genuina, no de compartir secretos con compañeros borrachos y luego arrepentirse de haberlo hecho.

El "sacrificio de la sobriedad" es muy real, pero el resultado final vale la pena. Los amigos de verdad son mejores que los "amigos borrachos", ¡aunque no tengas tantos!

Citas en sobriedad

El alcohol compromete tu juicio, interfiere en la toma de decisiones y "te hace ser más imprudente" (NHS).

Teniendo esto en cuenta, parece una locura tomar cuando tienes una cita. Pero, a pesar de la ciencia, eso es lo que hace la gran mayoría de la gente.

Es comprensible que la gente recurra al alcohol en situaciones de citas, que pueden provocar ansiedad incluso en las personas más seguras de sí mismas. El problema es que el alcohol suele hacer mucho más mal que bien (y no solo en el juego de las citas).

He tenido bastantes citas en las que la bebida lo ha empeorado todo. La confianza en uno mismo puede convertirse en arrogancia y la elocuencia en charlatanería. La verdad es que soy una persona completamente diferente cuando estoy borracho. Tomarme unas cervezas para "ayudar a mi confianza" bastaría para convertirme en una versión más ruidosa y tonta de mi verdadero yo sobrio.

Las citas en estado de embriaguez suelen ser de dos tipos: Te puede gustar mucho la persona pero mostrarte en tu peor momento y arruinarlo o acabar llevando las cosas más lejos con la persona equivocada porque se activan los "lentes cerveceros".

Las citas también muestran esa paradoja en la que el alcohol es socialmente aceptable, pero está mal visto cuando te pasas un poco. Emborracharse demasiado en una cita es una señal de alarma para las posibles parejas.

Cuando te alejas del alcohol, salir con alguien borracho es una de las cosas que parecen… mentales. ¿Te imaginas a dos personas con el juicio mermado y la capacidad de tomar decisiones comprometida intentando decidir si quieren ir más allá? ¡Es una idea terrible!

Si solo conoces a gente cuando tú (y ellos) beben, no estás conociendo a la persona real. Estás conociendo a alguien con los sentidos alterados y el juicio mermado cuando tú sufres lo mismo. No es de extrañar que la gente tenga tantas historias de citas horribles.

La solución a todo esto llega cuando dejas el alcohol. Pero no voy a fingir que es fácil. Tener una cita sobrio es una de las partes más aterradoras e intimidantes de dejar el alcohol. Pero también es estupendo para desarrollar tu autoconfianza.

Salir sobrio no te da inmunidad contra las citas "accidentadas". Créeme, sigue siendo un juego de números. Sin embargo, la crudeza y la honestidad de las citas sin la muleta de la falsa confianza y los sentidos exaltados te dan muchas más posibilidades de conocer a la persona adecuada. Cada rechazo o cita aburrida te acerca más a enfocarte en lo que estás buscando.

Tampoco tienes que preocuparte por la impresión que tu cita tenga de ti. Estás presentando tu versión real, sobria y sin adulterar. Eso requiere valentía y la gente adecuada se dará cuenta y lo admirará. Las personas que no se sientan cómodas o que piensen que es "aburrido" que no bebas, sin duda no son las personas adecuadas para ti.

En realidad, no importa si tu cita decide beber alcohol o no. Sin embargo, una cita romántica es un buen momento para recordar la cita textual previa: "Antes entraba en una habitación llena de gente y me preguntaba si yo les agradaba… ahora miro a mi alrededor y me pregunto si ellos me agradan a mí".

Si has decidido dejar de beber, alguien que bebe "demasiado" en una primera cita probablemente también debería levantarte una bandera roja.

Una vez que hayas estado en un par de citas sobrio, todo se vuelve mucho menos intimidante. En lugar de construir una confianza falsa con alcohol, estás construyendo una confianza genuina sin él. La confianza natural es algo bastante atractivo.

Lo mejor de todo es que cuando encuentres a "la persona ideal", sabrás que has elegido con claridad y sobriedad. Y eso es un buen augurio para tu futuro.

Antes de pasar a la siguiente sección, tengo una advertencia rápida. Es especialmente relevante si tienes tendencia a ir de una relación a otra.

Es habitual que la gente cambie una dependencia al alcohol por una dependencia a otra persona y a menudo a la persona equivocada. La codependencia se denomina a veces como la adicción a las relaciones. Muchas personas beben alcohol o consumen drogas para llenar un vacío en sí mismas, un vacío que también puede llenar una relación.

El mejor consejo para contrarrestarlo es no impacientarse. Al fin y al cabo, la felicidad es un trabajo interior y, cuando encuentres tu propio ritmo de vida, la persona adecuada llegará a tu vida. Lanzarse a una relación por el mero hecho de tenerla no es la receta para la armonía a largo plazo.

Dicho esto, a continuación, hablaremos de la armonía a largo plazo.

¿De verdad te gusta tu otra mitad?

No todas las personas que deciden dejar de beber salen con alguien. Muchos ya tienen un matrimonio y relaciones formales. Esto puede abrir toda una caja de Pandora, especialmente si la relación se construyó sobre cimientos de alcohol.

Del mismo modo que muchas citas están alimentadas por el alcohol, también lo están muchas relaciones duraderas. Y del mismo modo que el alcohol es la base de muchas amistades, también lo es de muchas relaciones duraderas e incluso matrimonios.

El problema es que, al eliminar el alcohol de la relación, tu pareja y tú no tienen nada o casi nada en común. Si salieron cuando bebían, se juntaron cuando bebían y luego pasaron los fines de semana bebiendo, es posible que no conozcas realmente a la persona con la que estás. Y esto funciona en ambos sentidos: es posible que tu pareja tampoco te conozca a ti.

No pasa NADA, no es un completo desastre, pero decidir estar sobrio puede crear algunos retos en tu matrimonio o relación a largo plazo.

Por supuesto, cambiarás cuando dejes de beber. Pero también puede que descubras que no beber mejora enormemente tu relación. Inevitablemente, la propia relación de su pareja con el alcohol influirá en cómo se desarrollen las cosas.

Quizá tu pareja decida unirse a tu aventura sobria. Esto es más habitual de lo que imaginas. Si es un bebedor habitual, puede que le guste la idea de tener la oportunidad de una vida mejor. Si solo bebe ocasionalmente, la idea de dejar de beber probablemente no le parezca gran cosa, así que, de nuevo, puede que se una a ti en el viaje.

Si tu pareja y tú deciden estar sobrios juntos, puede ser algo maravilloso. Ambos pueden experimentar juntos todos los beneficios: el resplandor de la sobriedad, la pérdida de peso, el aumento del saldo bancario, la energía, el empuje, la concentración y mucho más.

Todos estos son ingredientes para una relación que puede crecer y prosperar.

Pero debemos ser realistas.

Si has estado en una relación dominada por el alcohol, en la que dos personas utilizaban la sustancia para enmascarar emociones e ignorar problemas más importantes, puede que te encuentres con algunos retos.

Mucha gente disfruta de una relación satisfactoria en la que una persona bebe y la otra decide no hacerlo. Pero, por ejemplo, un matrimonio en el que una persona ha dejado de beber y la otra sigue bebiendo en exceso podría estar destinado al fracaso.

No hay dos relaciones iguales. Si estás en una relación formal, conocerás la dinámica de esa relación mejor que nadie. Probablemente serás capaz de predecir hasta qué punto tienes que preocuparte.

Si eres un bebedor habitual, en una relación con otro bebedor habitual, es probable que se distancien hasta cierto punto si solo uno de los dos deja de beber.

Decidas lo que decidas, una gran ventaja de dejar de beber es que te sientes más confiado y seguro de ti mismo, con una felicidad que no depende de nada ni de nadie. Es una buena base para que una relación funcione o para empezar una nueva.

Sexo sin alcohol

El sexo en sobriedad tiene mucho en común con las citas en sobriedad. Quizá puede ser un poco aterrador al principio, pero mucho más satisfactorio, agradable y genuino una vez que te acostumbras.

La gran mayoría de los bebedores tienen al menos una historia de terror sexual, desde despertarse con resaca al lado de la persona equivocada hasta volver de las vacaciones con un preocupante sarpullido. Y la realidad es que esas malas decisiones sexuales pueden tener consecuencias que van mucho más allá de un sentimiento de vergüenza y la prescripción de alguna crema o antibióticos.

Una vez entendida la ciencia, es difícil pensar en dos actividades que vayan peor juntas que beber alcohol y tener relaciones sexuales.

En primer lugar, están los efectos físicos del alcohol. El alcohol puede provocar (y suele hacerlo) disfunción eréctil (Iliades, 2021). Para los bebedores habituales, esto puede ir mucho más allá de un momento puntual de "no te preocupes, le pasa a todos los hombres" y convertirse en un problema continuo y recurrente.

En el caso de las mujeres, los efectos diuréticos y deshidratantes del alcohol pueden provocar una falta de lubricación, lo que se conoce como resequedad vaginal (Healthline).

Sean cuales sean tus preferencias sexuales, las vaginas secas y los penes flácidos no son experiencias sexuales memorables. Y eso antes de hablar del impacto del alcohol en el juicio y la toma de decisiones.

Aparte de los riesgos reales de las relaciones sexuales inseguras, las infecciones de transmisión sexual y los embarazos no deseados, el sexo bajo los efectos del alcohol está plagado de riesgos como acostarte con alguien a quien nunca te habrías acercado estando sobrio y el impacto en tu autoestima cuando tengas que mirarte al espejo al día siguiente.

El efecto desinhibidor del alcohol es la razón por la que se utiliza tan a menudo junto con el sexo. Pero acostumbrarse a "hacerlo" sin alcohol no es diferente de acostumbrarse a los incómodos primeros 20 minutos de una reunión social sin alcohol o a la primera vez que se va sobrio a una pista de baile (¡esto último puede resultar más intimidante!).

La recompensa también es grande. Acostumbrarse a mantener relaciones sexuales sin estar borracho es una gran inyección de confianza. Además, tienes la ventaja de elegir con quién quieres hacerlo.

El alcohol es, ante todo, un depresor, como ya hemos dicho antes. No aumenta la experiencia sexual, sino que la entorpece. También es útil tener los genitales completamente funcionales.

Los seres humanos son más que capaces de tomar malas decisiones sin alcohol. Dejar de beber no significa que tengas garantizada una vida de parejas sexuales perfectas y experiencias sexuales perfectas. Sin embargo, el sexo es más placentero sobrio, tanto por razones físicas como psicológicas.

El sexo en sobriedad puede ayudar a que las relaciones crezcan. Cuando tengas el valor de "dejar la luz encendida" y conocer de verdad a tu pareja por dentro y por fuera, sabrás que estar sobrio en un mundo de ebrios está LEJOS de ser aburrido.

Y, por supuesto, el sexo no es solo una forma de disfrutar, también se trata de tener bebés.

Y resulta que el alcohol tampoco ayuda en absoluto. El consejo oficial para las mujeres que intentan concebir es evitar el alcohol por completo (Drinkaware). Entre una y cinco copas a la semana pueden "reducir las posibilidades de concebir".

Si se añade un hombre bebedor a la mezcla, las cosas empeoran aún más, ya que el alcohol reduce los niveles de testosterona y la calidad y cantidad de esperma. Resulta irónico que beber en exceso se considere algo masculino, mientras que la impotencia y un bajo recuento de espermatozoides se consideran atributos poco masculinos.

Si tu objetivo es ser padre, puede que el alcohol no te ayude.

Paternidad con resacas

Ser padre alcohólico es una vida en la que nunca te sientes lo suficientemente bueno.

Aunque seas un "borracho feliz" y nunca pierdas los nervios, rompas promesas o actúes de forma irracional, tiendes a sentir que te quedas corto.

Ser padre con resaca es horrible. El dolor de cabeza, la falta de energía y el autodesprecio, todo ello combinado con un entorno ruidoso y gente pequeña que quiere tu atención porque, seamos sinceros, te quieren más que a nada en el mundo.

Sentir que no les estás dando lo mejor de ti aumenta la culpa y la ansiedad, por lo que tu nerviosismo, fatiga y poca paciencia hacen que te enfades con ellos. Y entonces vuelves a la parte del ciclo en la que te sientes culpable.

Puede que se estuvieran portando mal y necesitaran un llamado de atención, pero eso no cambia el hecho de que te sientes el peor ser humano del mundo. Te dices a ti mismo: "nunca más".

Pero entonces, después de dos horas y media de rutina antes de acostarse, estás tan agotado que abres el vino. Y el ciclo vuelve a empezar.

Todo esto ya es bastante malo, incluso si no bebes hasta el punto de que tus actos pongan a tus hijos en peligro de sufrir daños o penurias. Todo esto puede llegar a ser muy grave, ya que está demostrado que los hijos de alcohólicos corren un riesgo significativo de sufrir diversos problemas cognitivos, emocionales y conductuales (MentalHelp.net).

Algo que se oye una y otra vez en todas las comunidades de sobrios es: "Ahora estoy mucho más PRESENTE con mis hijos".

La paternidad es increíblemente dura. Los niños pueden ser ruidosos. Los niños pueden ser irracionales, impredecibles y contestones. Los niños PUEDEN sobrepasar los límites y robarte el sueño y la cordura.

Todos los padres tienen una comprensión única del hecho de que puedes querer a alguien más que a nadie en la tierra y, al mismo tiempo, encontrarlo profundamente exasperante.

Pero los que eligen estar sobrios en un mundo de ebrios suelen darse cuenta de que sus hijos son parte de la solución y no del problema. De repente se dan cuenta de que no necesitan una copa para "aliviar" un día estresante antes de ocuparse de los niños. Descubren que, a veces, lo que levanta ese día estresante es el abrazo o el amor incondicional que habrían odiado perderse.

No finjamos que es fácil. Ser padre supone un reto para tu economía, tu salud mental, tu sueño, tu rutina diaria y tu capacidad para relajarte. Pero la cuestión es que el alcohol no ayuda en NINGUNA de esas cosas. De hecho, empeora todos esos problemas.

Si beber con regularidad es vivir la vida en modo difícil, ser padre mientras se bebe necesita un nivel de dificultad propio. No es de extrañar que tener hijos sea a menudo algo que hace que la gente se replantee su relación con el alcohol.

Ningún niño crecerá y te dirá que fuiste mejor padre porque bebías todo el tiempo. Todos los efectos nocivos del alcohol pueden tener consecuencias negativas para los hijos, sobre todo el riesgo de que pasen menos tiempo con nosotros.

Las recompensas de decidir ser un padre sobrio son muchas. A los niños les encanta que les presten atención y que sus padres estén plenamente presentes. Incluso es posible que te hagan sufrir un poco menos, a cambio de que estés más centrado.

En cualquier caso, lo único mejor que mirarse al espejo y ver a una buena persona es mirarse al espejo y ver a un buen padre. Eso es algo que el dinero no puede comprar.

Dinámicas familiares aleccionadoras

Una última dinámica de relación que aún no hemos tratado es la que se establece con la familia extendida.

Al igual que algunos grupos de amigos giran en torno al alcohol, también lo hacen algunas familias: hermanos y hermanas, padres e hijos adultos e incluso todas las tías, tíos y primos.

¿Vacaciones? Alcohol. ¿Bodas? Alcohol. ¿Cualquier cosa para celebrar o compadecerse? Alcohol. Muchas ocasiones familiares se ven arruinadas por el comportamiento ebrio de uno o más miembros de la familia. En algunos hogares, es prácticamente una tradición.

El daño que el alcohol causa a las familias puede agravarse con el tiempo. Los incidentes individuales se convierten en resentimientos a largo plazo y se sacan a relucir una y otra vez. Pero no tiene por qué ser así.

No es realista esperar que toda la familia deje de beber solo porque tú lo decidas. Sin embargo, puede que te sorprenda gratamente el ejemplo que puedes dar. En cualquier caso, relacionarte con tu familia con claridad solo puede ser positivo, al igual que asegurarte de que realmente acudes a los eventos, en lugar de cancelarlos, una vez más, porque tienes demasiada resaca.

Incluso si formas parte de una familia de bebedores empedernidos, saber que TÚ no serás el siguiente en crear un amargo recuerdo de borrachera es liberador. Permite que te relajes y disfrutes de la compañía de tu familia. Y, si vas a pasar unos días con ellos, puedes disfrutar de todos esos días, no solo de una gran noche seguida de tres días de dolores de cabeza, culpa y recriminación.

Probablemente te encontrarás con cierta resistencia por parte de la familia, sobre todo si lo único que han conocido es que las ocasiones giran en torno al alcohol. Puede que te pregunten por qué no puedes tomarte sólo una copa, pero al igual que esos amigos que tienes que evaluar, si tu familia se pone demasiado insistente, simplemente pasa más tiempo con gente que no lo cuestione.

Recuerda, esta decisión es para que TÚ dejes el alcohol y vivas una vida mejor que aquella en la que el alcohol tenía un impacto negativo. Ningún miembro de la familia debe interponerse en tu camino ni hacerte sentir que les has defraudado porque no te ajustas a su "normalidad".

Tu familia no solo aprenderá a respetar tus decisiones al ver una versión nueva y muy mejorada de tu antiguo yo, sino que podrás acudir en su ayuda cuando lo necesiten.

Una y otra vez, cancelaba eventos familiares porque tenía demasiada resaca. Ser un miembro valioso de tu familia, donde saben que pueden contar contigo, confiar en ti y pedirte ayuda, ¡es una de las mejores partes de la sobriedad!

Todos esos años en los que mamá y papá cuidaron de Sean el Borracho, en sus muchos estados de embriaguez, ahora pueden ser compensados a través de Sean el Sobrio y su capacidad para estar plenamente presente y ser fiable.

Cuando bebes y te drogas todos los fines de semana, nunca te preocupas por los que te rodean. Nunca piensas en cuanto puedes estar afectando a tus seres queridos, mientras te ven sufrir, fin de semana tras fin de semana. Estar sobrio te permite ver el daño que has causado y arreglarlo dejando el alcohol.

Las acciones dicen más que las palabras.

Si has estado desaparecido durante varios años, ellos seguirán teniendo su percepción de la versión borracha de ti, basándose en cómo actuaste. Eso es normal. Sus percepciones solo cambiarán a través de una acción sostenida, es decir, manteniéndote sobrio, no a través de nada que les digas porque ya lo han oído todo antes.

El resplandor de la sobriedad es algo que las familias ven más claramente que los demás. Ellos son los que te han criado, te han visto en tus mejores momentos, en los peores y luego cuando te vuelves sobrio. Notan el despertar de la sobriedad tanto como tú.

Lo único garantizado es que dejar de beber no empeorará tus relaciones familiares. Lo más probable es que les ayude a crecer positivamente de una forma que nunca antes habías experimentado.

A continuación, pasamos a la relación más importante de todas: la que tienes contigo mismo.

Capítulo 4:

El Efecto Compuesto de la Sobriedad

Antes hemos analizado el círculo vicioso de estar borracho, con resaca, arruinado, con poca energía... y volver a repetirlo. Es el camino que recorrí durante años.

A los bebedores habituales se les da muy bien hablar, a menudo repetidamente, de todas las cosas que quieren conseguir. No se les da muy bien conseguirlas.

Es fácil engañarse a uno mismo diciendo que lo estás logrando porque consigues pasar cada año sin que te despidan del trabajo. Pero eso es hacer lo que tienes que hacer, no lo que podrías estar haciendo.

Veamos cuánto tiempo estás perdiendo por culpa de las resacas.

Las resacas cuestan tiempo

No ayuda que las resacas destruyan el potencial. La gente no se lanza a nuevas ideas y proyectos cuando tiene resaca, sino que se tira en el sofá.

Ya hemos hablado de los diversos círculos negativos del alcohol que producen falta de energía, mala salud física y mental, un saldo bancario aterrador y una autoestima inexistente. Es una vida de vivir para el fin de semana y caminar dormido el resto de la semana.

Es aterrador cuando sumas el tiempo que pierdes.

Digamos que pasas solo tres días a la semana saliendo, planeando salir y recuperándote de la salida anterior. En mi caso, y en el de muchos otros, es una subestimación drástica.

Esos tres días a la semana suman 156 días al año, todos los años.

Hay muchas cosas que puedes hacer con ese tiempo: aprender, leer, explorar el mundo y trabajar en aspectos de tu vida que quieres mejorar, como tu forma física y tu autocuidado.

Del mismo modo que beber con regularidad tiene un efecto compuesto que hace que tu vida sea cada vez peor, no beber tiene un efecto compuesto que la hace cada vez mejor. En lugar de sentirte cada vez más vacío, frustrado y desanimado, empiezas a sentirte más inspirado, enérgico y positivo.

En la introducción, mencioné la cita de que "la sobriedad cumple todo lo que el alcohol solo prometía". El tiempo que recuperas cuando te liberas de la bebida desempeña un papel muy importante para que eso sea cierto.

Piensa en cómo empiezas un nuevo año con un montón de objetivos: "Quiero leer ese libro, perder ese peso, hacer ese curso, aprender ese ejercicio, crear ese arte, hacer yoga, explorar ese lugar". Con demasiada frecuencia, los bebedores no solo no consiguen esos objetivos, sino que además tienen que enfrentarse a la frustración y a la disminución de la autoestima que supone el no conseguirlos.

Mientras tanto, los no bebedores, con el lujo de 156 o más "días extra" al año, consiguen todo eso y más.

Poco después de dejar de beber, uno empieza a sentirse mejor, física, mental y emocionalmente.

Al cabo de unas semanas, como confirman la mayoría de los que prueban el Enero Seco, uno obtiene una nueva energía para la vida y empieza a darse cuenta de cuánto tiempo más tiene sin resaca. Desgraciadamente, las personas que celebran el final de Enero Seco con una sesión masiva (antes de volver a las andadas) no se dan cuenta de que lo mejor estaba por llegar.

El efecto compuesto de elegir estar sobrio cada día, comparado con estar de resaca la mitad de la semana, es INCREÍBLEMENTE poderoso para transformar tu vida. Los grupos anónimos hablan del "solo por hoy" y el poder de solo enfocar tu esfuerzo en estar sobrio por 24 horas. Pero, cuando haces eso repetidamente durante semanas, meses y años, ves todos los increíbles logros que has conseguido por el camino.

El Efecto Coach de Vida

El Efecto Coach de Vida es algo de lo que he sido testigo en la comunidad sobria. Mucha gente que deja de beber se convierte en entrenador personal, terapeuta o profesor de yoga.

Para empezar, odiaba ver a todos esos fanfarrones predicando lo mucho mejor que es la vida estando sobrio. Salí de muchas reuniones de AA y comunidades sobrias en línea pensando: "¡qué montón de imbéciles!".

Pero entonces empecé a estar más tiempo sobrio y a creer en mí mismo, por primera vez en mi vida.

Después dejé el mundo corporativo, monté mi propio negocio, volví a estudiar para coach de vida, obtuve el título de entrenador de fuerza y acondicionamiento físico y me capacité para ser consejero e instructor de yoga. Supongo que ahora soy uno de esos imbéciles. Pero, bromas aparte, la energía necesaria para cualificarme en todas esas nuevas carreras y combinarlas en un negocio que me permite vivir una vida increíble se debe al poder de la sobriedad.

Cuando descubres algo bueno, quieres que los demás también lo experimenten, especialmente cuando es el tipo de satisfacción genuina que has pasado años intentando encontrar. Ese es el Efecto Coach de Vida en acción. Mi amor por el ejercicio y cómo me ayudó a cambiar como persona es la razón por la que me levanto a las 5 de la mañana cada mañana para ayudar a otros a ser más fuertes y estar más en forma.

La razón por la que menciono el Efecto Coach de Vida es que no paras de ver transformaciones increíbles de personas que consiguen la sobriedad que les lleva a despertarse con propósito. Algo que nunca creyeron posible hasta que se volvieron sobrios.

Si estás buscando una transformación completa y quieres unirte a la creciente lista de coaches sobrios, dejar el alcohol podría ser el ingrediente que te falta.

Aunque ahora me encanta mi trabajo, conseguir la sobriedad fue difícil y la transición fue un trabajo duro. Pero, cuando has dejado el alcohol y las drogas, en un mundo obsesionado por todo ello, sientes que has adquirido un superpoder. Un superpoder que te hace creer en ti mismo y en que todo es posible.

El impulso y la energía demenciales que obtienes al estar constantemente sobrio es lo que alimenta el Efecto Coach de Vida y ayuda a crear transformaciones increíbles.

Cuando pones una intensa cantidad de energía positiva y motivación en cambiar un área de tu vida, sin resacas ni culpas que se interpongan, puedes transformar esas áreas muy rápidamente. Proyectos de vida que parecían lejanos, de repente se consiguen en un par de meses.

Puede que tu vida sea tan aburrida que estés dispuesto a intentarlo todo. Dejar el alcohol puede ser la patada en el trasero que necesitas para empezar tu propia transformación, ya sea física, mental o profesional.

Sin embargo, yo no estaría donde estoy si lo hubiera hecho todo solo. Conseguir ayuda y dejar entrar a la gente fue una parte importante de mi viaje. Este es el siguiente paso.

Pedir ayuda

Si te tomas en serio el crecimiento personal (deberías hacerlo), vale la pena que pienses en acudir a un terapeuta o, al menos, en trabajar para entender por qué el alcohol se convirtió en una parte tan importante de tu vida.

No todo fue miel sobre hojuelas cuando conseguí la sobriedad. Necesité mucha ayuda externa para desentrañar por qué bebía tanto en primer lugar. Ser adicto no es la respuesta a mis problemas; la adicción era una tirita temporal para problemas más profundos.

El alcohol y las drogas me servían para adormecer el dolor. Así que, cuando conseguí estar sobrio, necesité mucho apoyo para entender quién era realmente.

El alcohol bloquea las emociones. Empezar a entenderte a ti mismo y a tus emociones estando sobrio puede ser desalentador y nuevo. Muchas personas hacen lo que yo hice y se embarcan en su vida adulta con el alcohol como muleta. Eso puede significar que aún no has intentado vivir como adulto en un estado crudo.

Es más bien como ser un recién nacido, tratando de entender el mundo por primera vez. Puede ser difícil afrontarlo solo. Los consejeros, terapeutas o coaches pueden ayudar, al igual que los grupos anónimos (de los que hablaremos más adelante) y las comunidades en línea.

Pasar un tiempo en rehabilitación y seguir el programa de los 12 pasos me ayudó a aceptar el hecho de que no había pasado una semana sin beber ni drogarme desde los 15. ¿Cómo iba a saber quién era si, por defecto, consumía alcohol o drogas para gestionar mis emociones?

Cuando algo se ponía difícil, activaba mi botón de "a la mierda" y me desconectaba. Nunca resolvía nada. En lugar de eso, escondía bajo la alfombra mi creciente lista de problemas y optaba por automedicarme con alcohol, drogas, comida, juegos de azar y cualquier otra cosa con la que pudiera distraerme.

Después de 17 años evitando mis emociones, por fin llegué a rehabilitación y me di cuenta de que tenía que trabajar para superarlas en lugar de seguir ignorándolas. Tenía que desarrollar la inteligencia emocional que había descuidado desde la adolescencia.

Personalmente, el asesoramiento regular cuando dejé el alcohol me salvó la vida (¡gracias de nuevo, Patrick!). Habiendo sido un hombre "típico", cuyas emociones estaban en algún lugar del espacio profundo, ser honesto y abierto sobre mi vida fue completamente transformador. Era una habilidad que nunca había utilizado antes, pero el alivio que sientes cuando le cuentas a un completo desconocido cómo te sientes REALMENTE es increíble.

Trabajar a través de desafíos en tu cabeza y en tu vida con alguien capacitado para ayudarte en esa área en particular, ha cambiado mi perspectiva sobre el coaching para siempre.

Verás niveles INCREÍBLES de crecimiento si eliges al coach adecuado, ya sea un coach sobrio, un entrenador personal, un consejero, un coach de negocios, un coach en sexualidad, etcétera. Estar sobrio me permitió ver el valor de pedir ayuda a otras personas, a las que pagas por su experiencia, lo que en última instancia te ahorra tiempo, dinero y frustración.

Pedir ayuda cuando dejas la bebida puede sonar como una admisión de debilidad, pero te aseguro que es la acción más fuerte que he tomado nunca. Puede que seas un desastre emocional cuando te quitas tu "medicina" favorita, pero abrirte con alguien capacitado para guiarte hacia una vida mejor es, sin duda, algo que recomiendo encarecidamente.

Aún más aterrador, pero igual de liberador, es decirle a un grupo de desconocidos cómo te sientes. Cuando asistía a reuniones de AA, me sentía asustado, atemorizado, enfadado, triste o feliz antes de que empezara la reunión. Pero una vez que comenzaba, realmente sientes una sensación de serenidad. El hecho de escuchar a otras personas que pasan por los mismos problemas que tú te reconforta increíblemente y te proporciona una sensación de alivio.

El programa de 12 pasos es como un kit de herramientas de crecimiento personal espiritual. Si necesitas el apoyo de la comunidad, el programa de 12 pasos te ayudará a ser una mejor persona.

Acudir a esas reuniones me ayudó tanto a crecer personalmente como el ver a mi consejero, a mi entrenador personal y leer sobre autodesarrollo. Todo era increíblemente incómodo, pero pronto me di cuenta de que nada crece en la zona de confort y todas estas experiencias me estaban haciendo más resistente como persona.

Incluso reunirme con nuevos amigos sobrios que conocí en Instagram me pareció una experiencia bastante extraña, pero con la que no me habría molestado si estuviera de resaca y no buscara una forma de vida mejor.

La razón por la que menciono estas cosas es que el crecimiento personal es una gran parte de aprender a estar sobrio en un mundo de ebrios. Es a la vez emocionante y aterrador, muy lejos de ser el círculo negativo.

Si no te desafía, no te cambia.

Dejar el alcohol supone MUCHOS retos, sobre todo en este planeta de borrachos. Pero pronto desarrollarás una resistencia y una nueva vida de la que podrás sentirte orgulloso.

Logros sin alcohol

A muchas personas que planean dejar de beber les preocupa "aburrirse". En lugar de sentirse inspirados y entusiasmados por la idea de unos 156 días más al año, se sienten aterrorizados ante la perspectiva.

Puedo asegurarte que esa sensación no dura. En cuanto empieces a acumular logros, grandes y pequeños, pronto desearás tener más días libres.

Enfrentarse a la vida de frente da miedo, pero vivir una vida sobria te enseña la verdadera resiliencia. Cada vez que consigues algo sin la "ayuda" del alcohol, construyes un pequeño ladrillo extra de confianza en ti mismo. Esos ladrillos construyen cimientos sólidos, reales e inquebrantables.

Cuanto más asentados estén esos cimientos, más empezarás a creer en ti mismo y más dispuesto estarás a embarcarte en las "grandes cosas".

Todo lo que tienes que hacer es identificar las cosas que te interesan: leer, hacer cursos, escuchar libros en Audible... simplemente da los pasos que necesites para acercarte a las cosas que quieres. Puedes hacer literalmente cualquier cosa.

Claro que la vida sobria puede ser aburrida si te niegas obstinadamente a intentar algo diferente. Pero cada vez que abres tu ordenador, tienes acceso a todo el conocimiento del mundo. Puedes, ahora mismo, aprender producción musical, cocina gourmet, boxeo, sexo tántrico, diseño web, pilates, escritura creativa, programación, un idioma extranjero... y la lista continúa.

Una vez más, solo tienes una vida.

Una de las muchas cosas maravillosas de dejar de beber es que puedes volver a esa pregunta básica. Todos esos días extra te permiten hacer las cosas que realmente quieres.

Puede que te lleve algún tiempo averiguar cuáles son esas cosas, sobre todo si has estado tan absorto en el estilo de vida de la bebida que has olvidado cómo soñar. Pero no pasa NADA.

Es emocionante y todos los beneficios para la salud mental y física de no beber te dan la energía y la claridad necesarias para sentir esa emoción. Una vez más, es otro bucle de retroalimentación, pero muy gratificante.

El crecimiento personal significa cosas distintas para cada persona, pero es casi seguro que, con el tiempo, se reducirá a objetivos concretos.

Cuando conseguí mantenerme limpio y sobrio, solo tenía un objetivo: salir de mi entorno empresarial y encontrar un trabajo que realmente me gustara. Después noté un verdadero "efecto bola de nieve", con objetivos más grandes, mejores y más ambiciosos.

Cuando empiezas a conseguir objetivos, nada puede detener el nuevo círculo virtuoso. Más objetivos alcanzados significan más confianza, por lo que irás cada vez por más. Es realmente alucinante mirar atrás y ver que en un solo año se han cumplido un montón de planes en los que no se había avanzado nada durante más de una década.

Volvamos brevemente a la alternativa, que ya analizamos al principio de este libro: un círculo de noches de fiesta, resacas, estados de ánimo bajos, planes descuidados y sueños abandonados.

Puedes elegir en qué círculo quieres continuar y eso nos remite a algo que dije al principio: dejar de beber no significa renunciar a algo bueno, es simplemente cambiar un tipo de vida por otro mejor. Y ninguna persona sobria que desea volver a su antigua vida.

En el próximo capítulo, seguiremos hablando del crecimiento personal, esta vez en el aspecto espiritual.

Ya hemos hablado de tener mejor salud, más dinero, mejores relaciones y más éxito, pero ¿y si también pudieras experimentar la felicidad a un nivel más profundo que nunca? ¿Y si eso estuviera a tu alcance creas o no en ningún tipo de Dios o religión?

Es hora de hablar de espiritualidad.

Capítulo 5:
El Despertar de la Sobriedad

Vivir para el fin de semana es una existencia sombría. Pero es una existencia en la que mucha gente cae y se conforma.

La vida puede volverse muy repetitiva, sobre todo si trabajas en un empleo que no te gusta y sigues en él solo porque puedes aparecer con resaca y seguir cobrando. Una vida diseñada en torno a sobrevivir el día o la semana, hasta que puedas tomarte una cerveza o una copa de vino, no tiene alma y está vacía.

Es importante que no te culpes si tu vida es así. Todos estamos condicionados a pensar que es normal, de ahí lo de "la hora feliz" y "la hora del vino". Pero hay 365 días al año y solo 104 de ellos son fin de semana. ¿No vale la pena aprender a disfrutar de los otros 261?

Mi vida durante los 12 años que pasé en el mundo empresarial fue aburrida y previsible: levantarme, ir a trabajar, comer, ver correr el reloj desde las 2 de la tarde hasta las 5 de la tarde (cuando el tiempo parecía casi detenerse) y luego hacer una salida rápida a casa o a un bar.

Mis objetivos principales eran pasar el día habiendo trabajado algo y pasar el año habiendo hecho lo suficiente para cobrar una prima.

Esa prima pagaba algunas "cosas", que no hacían nada por alimentar mi alma. Solo me permitían fingir que estaba momentáneamente contento con mi vida. Era una existencia sin alma. Consumía alcohol y drogas para adormecer el dolor de lo aburrido y desalmado que era en realidad.

Estamos condicionados a creer que las cosas materiales (como las que compré con mi paga anual) pueden llenar el vacío. Pero si eso fuera cierto, ¡no habría ricos infelices!

Vivir para el fin de semana es igual a una carrera de ratas. Hay poca diferencia real entre alguien que cobra el salario mínimo para pagarse un par de noches en su pub local y un corredor de bolsa que trabaja toda la semana y lo "celebra" con champán, caviar y cocaína. Se reduce a poco más que drogas más caras y locales más lujosos.

Cumplí mi condena en el mundo empresarial. Pero tras un par de años de sobriedad, sentí un fuerte impulso de pasar a algo diferente. Me encontraba en una posición en la que podía conseguir cosas como una casa más grande o un auto más grande. Todo lo que tenía que hacer era trabajar más horas, estresarme más y agotar toda mi energía cada pocos meses.

Pero por mucho que lo hiciera, el trabajo seguía dejándome una sensación de vacío. Dejar el alcohol me permitió ver la luz y comprender que el mundo empresarial no alimentaba mi alma.

¿Qué es la espiritualidad?

Veamos la definición de espiritualidad que da el diccionario.

Espiritualidad: cualidad de preocuparse por el espíritu o el alma humana en contraposición a las cosas materiales o físicas (Lenguas de Oxford).

Nótese que la definición no dice nada sobre ningún Dios. Seas creyente devoto o ateo, tienes un alma que se alimenta o se descuida. Y ni el alcohol ni las cosas materiales alimentan el alma.

Se trata de algo tan simple como el hecho de que el dinero no puede comprar la felicidad, como tampoco pueden hacerlo las casas más grandes, los autos más rápidos y las vacaciones lujosas ya que nada de esto tiene correlación alguna.

El alcohol tiene una conexión más fuerte con todo esto de lo que podría parecer en un principio. El alcohol, así como otras drogas, puede convertirte en un participante pasivo en la carrera de la rata. Si de lunes a viernes vas al trabajo para ganar dinero y de sábado a domingo intentas olvidar la monotonía de todo ello, ¿cómo va a cambiar algo?

Dejar el alcohol crea el espacio para que las cosas cambien. Rompe el ciclo y te permite pensar en lo que podría significar para ti preocuparse por el espíritu o el alma humana, con o sin Dios.

Una vida equilibrada y satisfecha requiere que pienses en tres cosas: mente, cuerpo y alma. Puedes pensar en ellas como si fueran tres tazas que hay que mantener llenas.

Con demasiada frecuencia, la gente solo piensa en las dos primeras tazas. Se concentran en intentar tener buen aspecto y ser inteligentes, y se olvidan por completo del alma. El materialismo también tiene mucho que ver. Mucha gente asume erróneamente que tener buen aspecto y ser el mejor tiene que ver con el tamaño de la casa, el puesto de trabajo o el lugar al que se va de vacaciones.

Parte de estar sobrio en un mundo de ebrios consiste en darse cuenta de que la tercera taza es igual de importante. No importa cuántos ceros tengas en tu saldo bancario si eres insensible a la belleza del mundo que te rodea y descuidas tu alma. Seguirás sintiéndote miserable.

La espiritualidad significa cosas distintas para cada persona. Para algunos, se trata de conectar con la naturaleza. Para otros, se trata de una búsqueda constante de aprendizaje y superación personal. Algunas personas alimentan su alma haciendo voluntariado, ayudando a los demás y haciendo campaña sobre cosas que les importan. Otros encuentran una paz profunda en actividades como el yoga y la meditación. Y, sí, para algunos, se trata de religión.

Soluciones espirituales para existencias sin alma

Ahora es un buen momento para hablar un poco sobre Alcohólicos Anónimos y otros programas de 12 pasos. Debo subrayar que AA no es atractivo para todo el mundo, pero, para muchos, desempeña un papel muy importante en el aspecto espiritual de conseguir la sobriedad.

Los 12 pasos fueron realmente transformadores para mí y cambiaron mi perspectiva de vida. No exagero si lo describo como un despertar espiritual.

Alcohólicos Anónimos fue fundada en 1935 por un corredor de bolsa (Bill Wilson) y un cirujano (el Dr. Bob Smith). Ambos habían desarrollado una grave dependencia al alcohol.

Desde el programa de 12 pasos que constituyó la base del "enfoque espiritual de la recuperación" de AA, se ha ampliado a todo tipo de adicciones. Ahora tenemos Cocaínomanos Anónimos, Narcóticos Anónimos, Adictos al Sexo Anónimos, Comedores Excesivos Anónimos, Apostadores Anónimos y muchos más.

La naturaleza "espiritual" del programa de 12 pasos provoca algunos malentendidos. Las menciones a Dios y a un poder superior llevan a algunas personas a considerar incorrectamente que AA es un grupo religioso. Sin embargo, la misma organización subraya que no es así.

Aunque AA tiene sus orígenes en un grupo cristiano, el programa es espiritual y no religioso. Muchas personas diversas, incluidos budistas, ateos y agnósticos, participan en programas de 12 pasos (y se benefician enormemente de ellos).

Los 12 pasos te llevan, entre otras cosas, a admitir que tienes un problema, a tener fe en un poder superior a ti mismo, a hacer un inventario moral, a corregir tus errores y a ayudar a otras personas que pasan por experiencias similares.

Millones de personas disfrutan del proceso de seguir los pasos metódicamente. Sin embargo, no hay obligación de hacerlo. Según las propias directrices de AA, no se pide a los recién llegados que acepten o sigan estos 12 pasos en su totalidad si se sienten poco dispuestos o incapaces de hacerlo.

Si te sientes jodido y crees que tu alma necesita reiniciarse, los programas de 12 pasos han ayudado a millones de personas en todo el mundo. Si estás realmente jodido, como yo lo estaba, deberías estar dispuesto a probar cualquier cosa. Los grupos anónimos son un buen lugar para hacer un examen de conciencia.

No hay absolutamente nada que te impida tantear el terreno. Las reuniones en línea están muy difundidas, así que puedes hacerlo sin salir de casa, si lo prefieres. Si quieres conocer mejor el programa de los 12 pasos, "*Recovery*", de Russell Brand, es una excelente introducción a cada uno de ellos.

Aunque todo eso del poder superior es una lucha para algunos, a mí me cambió por completo la forma de ver el mundo.

Explicaré brevemente lo que significa para mí el poder superior porque me ha ahorrado mucho estrés y me ha permitido crecer como persona.

Reconocer un poder superior significa comprender que solo puedes controlar lo que realmente puedes controlar. Todo lo que no sea eso debe dejarse en manos de un poder superior, sea cual sea la forma que adopte para ti. Puede ser el destino, Dios, el universo o cualquier otra interpretación. Puede ser tan sencillo como reconocer que hay un montón de cosas sobre las que personalmente no tienes ningún poder.

No aceptar que existe un poder superior te lleva a intentar controlar situaciones que no están a tu alcance. Esto no puede causar más que frustración e ira, ya que no tienes poder sobre el resultado final. Es simplemente darse cabezazos contra un muro.

Mucha gente asume que el poder superior significa Dios. Aunque eso es lo que los fundadores de Alcohólicos Anónimos tenían en mente en un principio, la organización ha evolucionado. Participan personas de todas las profesiones y condiciones sociales, con creencias muy diversas. Así que no dejes que ese malentendido te disuada de seguir los 12 pasos.

El alcohol y las drogas cambiaron la persona que yo era. El Sean sobrio no es la misma persona que el Sean ebrio. Los 12 pasos me permitieron darme cuenta de ello y reconocer mis patrones. Y lo que es más importante, me permitieron perdonarme y dejar atrás mi antiguo yo.

Los demás también me perdonaron. A pesar de lo desalentador que me resultó al principio, pedir perdón a las personas a las que había hecho daño (el noveno paso) fue la parte más gratificante de todas y la clave para avanzar en mi nueva vida. Sin embargo, no voy a negar que fue una de las cosas más aterradoras que jamás he hecho.

No hay otra forma de describirlo más que como un momento espiritual. Todo lo que aprendí al completar los 12 pasos finalmente hizo que me cayera el veinte y me ayudó a entender mi adicción y cómo el alcohol estaba vinculado a todas mis malas decisiones.

Como ya he dicho, los 12 pasos no son para todo el mundo, pero fueron una parte importante de mi propio camino. Por eso, tu camino no tiene por qué ser el mismo que el mío.

Hay muchas otras lecciones que puedes aprender al margen de los programas de 12 pasos. Tal vez encuentres tu alma en la música, en las obras de caridad o en el yoga y la meditación.

Volviendo a lo que decíamos al principio de este capítulo, vas a disponer de un montón de tiempo libre para descubrir lo que hace cantar a tu espíritu, así que ¿por qué no probar todo lo que despierte tu interés?

Algo transformador que aprendí fuera de los 12 pasos fue cómo el ego desempeña en papel crucial en la vida.

Recomiendo encarecidamente leer (o escuchar) "*Una nueva tierra*", de Eckhart Tolle, un libro que sitúo firmemente en la categoría de los que cambian la vida.

Cualquiera que haya paseado por una calle bulliciosa un viernes por la noche sabrá que el alcohol y el ego no siempre son una buena combinación. El alcohol puede inflar enormemente el ego y consumirlo con regularidad, especialmente en un mundo de ebrios y materialistas, puede hacer que las cosas se descontrolen rápidamente.

La sobriedad y la lectura de ese libro me permitieron comprender por fin el papel de mi ego y empezar a trabajar con él de forma saludable, en lugar de dejar que controlara mi vida.

Aprender el poder de estar presente y vivir el momento también fue una parte importante de mi camino hacia la sobriedad.

Cuando bebes o consumes drogas con regularidad, es prácticamente imposible vivir el momento. Resulta irónico, teniendo en cuenta lo mucho que nos convencemos de que salir de fiesta consiste en eso.

Pe, en realidad, pasas mucho tiempo en el pasado, "¿Qué hice? ¿Qué dije? ¿Cuánto gasté?" así como en el futuro, "¿Cómo voy a ir al trabajo con esta resaca? ¿Cómo le diré al casero que me he gastado el alquiler? ¿A qué hora puedo volver a beber?".

El consumo de alcohol y drogas convirtió mi vida en un caos constante y no se puede estar presente en el caos. Mi mente estaba constantemente preocupada por el pasado y el futuro. Es una forma agotadora de vivir.

Recuperar la sobriedad me permitió aprender a estar presente, sin mirar atrás ni adelante, simplemente disfrutando del ahora.

No te costará encontrar mucho contenido sobre la conciencia plena y el estar presente. Es un tema de moda y merece su popularidad porque es enormemente poderoso cuando lo dominas. Recomiendo encarecidamente "*El poder del ahora*" de Eckhart Tolle, otro libro que cambió mi vida y permitió que mi mente dejara por fin de pensar en exceso.

No puedo hablar de espiritualidad sin mencionar el yoga y la meditación, que se consideran prácticas espirituales.

El yoga es en gran medida una práctica de mente, cuerpo y espíritu, de la que se dice que crea claridad mental y calma, aumenta la conciencia corporal, alivia los patrones de estrés crónico, relaja la mente, centra la atención y agudiza la concentración (Asociación Americana de Osteopatía).

Al igual que asistir a Alcohólicos Anónimos, hacer yoga es probablemente algo que o bien te inspira o te hace pensar "no es lo mío". Pero conviene saber que se calcula que 300 millones de personas practican yoga en todo el mundo. (The Good Body). Parece poco probable que toda esa gente lo esté haciendo sin obtener nada bueno de ello.

La razón por la que la gente practica yoga no es solo para tener buen aspecto y adoptar posturas con nombres estúpidos como la paloma, el delfín o el bebé feliz. También es increíblemente purificador para la mente.

Concentrarte en tu práctica de yoga, mientras haces todo lo posible por mantener las posturas y moverte a través de tu flujo, significa que tu mente no está pensando en otras cosas. Solo puedes concentrarte en el momento presente. Eso implica intentar no caerse, no sufrir un tirón muscular o, peor aún, no tirarse un pedo en un estudio de yoga abarrotado de gente.

Si nunca lo has probado, dale una oportunidad al yoga, porque puedes ayudar a tu mente, cuerpo y alma, ¡todo a la vez!

Una vez más, no beber te da mucho tiempo para probar estas cosas y la claridad mental para abordarlas con una mente abierta.

Lo mismo ocurre con la meditación. De nuevo, es una práctica espiritual de la que disfrutan cientos de millones de personas. Incluso si (todavía) no te convence el lado espiritual de las cosas, el 84% de las personas que practican la meditación para reducir el estrés y la ansiedad no pueden estar perdiendo el tiempo (FinancesOnline).

Nadie dice que tengas que hacer ninguna de estas cosas. Tu viaje espiritual es solo tuyo. Pero son cosas que no solo me han funcionado a mí, sino que son ampliamente elogiadas por quienes consiguen la sobriedad.

No es una elección binaria. No se trata de ser un fiestero o de cambiarlo todo por un tapete de yoga y un armario lleno de licras. Tampoco se trata de dar la espalda al dinero y al estatus y convertirse en un ser espiritual.

Recuerda esas tres tazas llamadas mente, cuerpo y alma. No importa cómo decidas llenarlas. Y no hay nada malo en aspirar a ser rico y estar en forma, o a ser un poderoso director general con un alma nutrida.

Solo recuerda no descuidar esa tercera taza.

Aunque puede que te inspiren algunas de las cosas que hice para llenar esa taza, parte de la diversión de la sobriedad es descubrir qué es lo que lo hace por ti. Tal vez podría ser correr maratones, comprar alguna consola y aprender a ser DJ o ser voluntario en un refugio de animales.

Descubrir lo que te mueve en una vida libre de alcohol y drogas puede ser muy divertido. Y de diversión es de lo que hablaremos a continuación. Tienes mucha por delante.

Capítulo 6:
La Sobriedad NO es Aburrida

Salir a beber es una diversión bastante extraña.

Sales y bebes (porque, bueno, eso es lo que hace la gente), pero el precio de esa gran noche de fiesta es pasar dos o tres días sintiéndote mal, o quizá más, si tienes una edad avanzada. Además, como ya hemos dicho, hay que hacer frente al coste económico de esa noche.

Por lo tanto, esa "buena noche" se define como gastarse un montón de dinero, recordar solo algunas partes de la noche y sentirse como una mierda (mental y físicamente) durante los días siguientes.

¿Se supone que eso es DIVERTIDO?

El problema es que vivimos en un mundo de ebrios. Consumir alcohol para divertirse es algo cultural de la bebida (aunque "cultural" parece una palabra bastante grandilocuente para algo tan tonto).

La sociedad espera que nos divirtamos saliendo y bebiendo. Se gastan miles de millones en publicidad del alcohol para que la cultura siga prosperando.

No es culpa tuya si no sabes cómo divertirte sin alcohol. Beber se considera algo que por fin puedes hacer cuando llegas a la edad adulta. Estamos prácticamente condicionados a olvidar las miles de otras formas de divertirnos.

El condicionamiento es profundo y por eso a veces se considera que no beber es "aburrido" (En el capítulo sobre las relaciones ya hemos hablado de qué hacer al respecto).

Para empezar, el alcohol proporciona un poco de diversión superficial. Te desinhibe y te da confianza en ti mismo. Puede que incluso te guste su sabor (aunque a mí nunca me ha gustado).

El problema es que la diversión se acaba y, cuando se acaba, se acaba de verdad con desmayos, noches de fiesta terriblemente caras, una salud mental y física deteriorada y el impacto de todas las malas decisiones que acompañan a la bebida, como el consumo de drogas, las apuestas, la promiscuidad y una alimentación horrible.

Lo verdaderamente descabellado es que millones de personas siguen bebiendo, incluso cuando han visto y vivido esos efectos una y otra vez.

Esto demuestra lo arraigada que está en la cultura. Llegamos a aceptar que la diversión tiene todas esas consecuencias indeseables y potencialmente otras mucho peores. Todos conocemos los casos de Amy Winehouse, Oliver Reed, Billie Holiday, Avicci, Heath Ledger y muchos más. El final está a la vista, pero seguimos con lo mismo de todos modos.

Afortunadamente, la diversión en sobriedad no tiene esas consecuencias.

Redefine la "diversión"

Al igual que dejar de beber libera mucho tiempo para alimentar el alma, también libera tiempo para divertirse. A menudo, ambas cosas se fusionan. Si para ti diversión significa volar a un destino emocionante y escalar una montaña, lo más probable es que eso también alimente tu espíritu.

Pero no todo lo que hagas tiene que tener un punto espiritual. Es tu tiempo, así que haz lo que quieras con él.

Como ocurre con muchas de las ventajas de dejar de beber, no se trata solo del tiempo y el dinero que te ahorras con la bebida. Las resacas no son divertidas. Los fines de semana pueden consistir en divertirse de verdad en lugar de dormir hasta que pase la borrachera.

A medida que aumenta tu "tiempo sobrio", también lo hace tu confianza. Las cosas que parecen intimidantes cuando estás tembloroso, dolorido y oliendo a pub no lo son cuando te has levantado fresco y sabes que pasarías un control de alcoholemia. Quizá puedas hacer paracaidismo, atarte a una tabla de snowboard o armarte de valor para ir a esa clase de Muay Thai.

Cuando empiezas a diversificarte y a hacer estas cosas, enseguida te das cuenta de que hay muchas otras personas que también las hacen. Empiezas a darte cuenta de que hay todo un mundo paralelo de otras personas que no salieron anoche y no sufren por una resaca al día siguiente.

En cuanto tienes tu primer día brillante o gran noche sin una gota de alcohol, empiezas a entender que todo ese mundo está abierto para ti. Es emocionante y aumenta aún más tu confianza.

La confianza natural es un mundo aparte de la confianza artificial y efímera que te dan unos chupitos o un par de líneas de cocaína. Puedes pensar en lo que realmente te apetece hacer, salir, hacerlo y volver a casa cuando quieras.

Esto nos lleva a la socialización en sobriedad, algo que todo exbebedor debe aprender a hacer en un mundo de ebrios.

Socialización en sobriedad, aficiones y vacaciones

Empecemos por algo muy positivo. En los últimos cinco años, ha surgido un apasionante mundo de bebidas sin alcohol o con bajo contenido en alcohol. Se trata de un sector que mueve casi 10.000 millones de dólares y sigue creciendo. (IWSR).

Lo que esto significa es que puedes seguir disfrutando de una buena noche de fiesta con un montón de bebidas para adultos: cervezas artesanales sin alcohol, cócteles e incluso algunos sabrosos vinos 0%. Puedes salir con gente que decide beber, tomarte cuatro o cinco copas con ellos y aun así levantarte a primera hora para cualquier actividad divertida que hayas planeado.

Del mismo modo, si no quieres tomar bebidas alcohólicas, como yo, no hay nada más potente que beber un vaso de agua.

La creciente popularidad del movimiento de sobrios curiosos significa que puede que ni siquiera te encuentres explicando tus razones para no beber. Puede que la gente no se dé cuenta. Pero, siendo realistas, es probable que tengas esa conversación muchas veces. Cada vez es más fácil y, al final, la gente puede aceptar o no tu deseo de una vida mejor. Si aún no te sientes cómodo hablando de por qué estás dejando el alcohol, utiliza algo como "estoy entrenando para las próximas olimpiadas" o "no puedo soportar otro brote psicótico en público otra vez". Esta última opción también evitará que te hagan más preguntas.

Si te relacionas con gente que bebe, puede que decidas irte antes que ellos o no ir al club. Pero no te preocupes, probablemente no les importará en ese momento y, cuando estén con resaca, solo sentirán envidia por no haber tomado las mismas decisiones que tú.

Mientras ellos se lamentan y reconstruyen la noche anterior, tú puedes salir y disfrutar de los pasatiempos, deportes y aficiones que te hacen feliz. Pueden ser cosas que te atraían antes de empezar a beber o algo totalmente nuevo.

Si, por ejemplo, practicabas un deporte o tenías una afición antes de empezar a pasar la mayoría de los fines de semana borracho o con resaca, retómalo e inténtalo sobrio. Seguro que se te da mucho mejor.

Puedes hacer lo que quieras: yoga, meditación, tejer, leer, desarrollar un negocio secundario, crear una empresa, escribir una novela, aprender un instrumento o hacer nuevas amistades. Cuando decides mantenerte sobrio en un mundo de ebrios, puedes redefinir lo que significa divertirse y empezar a vivir la vida según tus propias reglas, no las de tus amigos, tu familia, tus compañeros de trabajo o las "normas" de la sociedad.

Dejar el alcohol te permite convertirte en el conductor y no en el pasajero de tu propio viaje hacia la diversión.

Si mejorar tu condición física forma parte de tu plan, descubrirás que el gimnasio está abierto los sábados y domingos (un hecho que pasa desapercibido para muchos bebedores habituales). Estar sobrio te permite dedicar más tiempo al ejercicio, quemar más calorías y beneficiarte realmente de tus nuevas ganas de vivir.

Al dejar de beber, no tienes la obligación de convertir el ejercicio físico en una de tus nuevas aficiones. Sin embargo, encontrar un ejercicio regular que te guste puede ser una de las mejores cosas de la sobriedad. Hay muchas opciones, así que seguro que encuentras algo que te atraiga y te ayude a maximizar la sensación de bienestar.

Una vez que empiezas a entender el verdadero significado del autocuidado, ves lo que realmente significa estar relajado y divertirte haciendo las cosas que te gustan y te apasionan, sin tener que pagar por ellas física, emocional y mentalmente.

Otra parte divertida de estar sobrio es tomarse vacaciones sin consumir alcohol. Sí, son muy diferentes, pero imagina irte de vacaciones y volver con energía y un nuevo entusiasmo por la vida, en lugar de estar arruinado, cansado y necesitar otras vacaciones para superarlo todo.

De nuevo, para la mayoría de la gente, beber alcohol no equivale a relajarse de verdad. Tener resaca, no tener ni un centavo y estar lleno de remordimientos no es relajante. Cancelar uno o más días de unas vacaciones tan esperadas porque estás escondido en tu habitación de hotel sintiéndote enfermo y con dolor de cabeza es una manera terrible de pasar tu tiempo libre.

He tenido muchas vacaciones, pero la mayoría las he desperdiciado en más de un sentido. He hecho muchos viajes de ese estilo entre mis 18 y mis 30, como Ibiza, las vacaciones de primavera en Cancún y las islas griegas. Si no te has bebido una pecera de cócteles letales y te has tomado los diez shots gratis que venían con ellos, considérate afortunado.

Independientemente del destino, repetiría el mismo patrón. La primera noche me iba de borrachera masiva y me ponía violentamente enfermo debido a mi incapacidad para digerir demasiado alcohol. Los días restantes los pasaba sufriendo e intentando repetir la experiencia. Recordando esas vacaciones llenas de alcohol, estar 7 días con resaca no era muy divertido que se diga.

Aprovechar cada momento es mucho mejor. Explorar los lugares de interés es mejor que buscar una farmacia abierta para comprar analgésicos. El tiempo de vacaciones es un tiempo precioso, tanto si se pasa solo como con los seres más queridos. Malgastarlo en resacas es un poco trágico.

Las vacaciones pueden ser lo que uno quiera, tal como tiempo para desconectar por completo y leer un montón de libros, tiempo para descubrir todos los rincones de una nueva ciudad o tiempo para disfrutar de aficiones y probar cosas nuevas. Si unas vacaciones son solo tiempo para llenarte de alcohol y drogas, mejor quédate en casa.

Aprender a divertirse sobrio puede llevar algún tiempo. La gente de la que te rodeas puede influir mucho en lo fácil que te resulte. Unirse a algún tipo de comunidad para sobrios es una forma estupenda de hacer cosas divertidas con gente que piensa como tú.

Hay muchas comunidades en las que puedes encontrar a tu tribu. Si te gusta Instagram, vale la pena que sigas hashtags y cuentas relacionadas con el tema para obtener ideas e inspiración y quizás incluso para encontrar a gente en tu misma sintonía.

Como punto de partida, busca a alguien con un nombre de usuario que tenga la palabra sobrio o un hashtag relacionado. Si quieres permanecer en el anonimato, crea tu propia cuenta de sobrio.

Facebook también tiene muchos grupos en línea si Instagram te parece demasiado y cada vez surgen más comunidades a medida que aumenta el número de personas que se vuelven sobrias en un mundo de ebrios.

Voy a terminar este capítulo haciendo hincapié en dos cosas:

1. Puedes divertirte muchísimo estando sobrio.

2. Estar sobrio NO significa que ningún aspecto de tu vida vaya a ser aburrido.

Puedo decir honestamente que nunca he conocido a nadie que se haya arrepentido de haberse vuelto sobrio. Una vida llena de aficiones, pasiones e intereses es gratificante y, sí, muy divertida.

Si tienes alguna duda al respecto, intenta recordar tu infancia, antes de que una gota de alcohol pasara por tus labios. Casi con toda seguridad, tenías aficiones, intereses y cosas que te habría encantado intentar hacer.

Como adulto sobrio, tienes el tiempo, la libertad y el dinero para hacerlas todas. Si eso no es divertido, ¡no sé lo que es!

A continuación, hablamos de algo que, para muchos, no es nada divertido: los negocios y las carreras profesionales. Una de las muchas cosas emocionantes de vivir una existencia sobria es que puedes hacer de tu vida laboral algo que disfrutas en lugar de soportar.

Imagina disfrutar de los 261 días laborables de cada año y aprovechar al máximo cada fin de semana. Es otra de las ventajas de dejar el alcohol que te cambiará la vida.

Capítulo 7:
El Trabajador Sobrio

Hay algunas estadísticas espeluznantes por ahí en torno a cuántas personas odian (o simplemente toleran) sus trabajos. Una encuesta mundial reveló que el 85% de las personas no están comprometidas con su trabajo (Clifton, 2017).

Se han realizado muchos estudios al respecto y, aunque no todos arrojan un titular tan asombroso, la mayoría muestran que una sólida mayoría de las personas están insatisfechas con su vida laboral.

Se mire como se mire, es bastante deprimente. Teniendo en cuenta las vacaciones y los fines de semana, la mayoría de nosotros pasamos más de 200 días trabajando al año. Es una gran pérdida de tiempo si uno se siente infeliz durante esos días.

¿Por qué tanta gente tolera una vida así? En gran parte porque vivimos en un mundo de ebrios.

Un ciclo interminable de fines de semana cargados de alcohol seguidos de semanas letárgicas te roba la capacidad de aprovechar al máximo tu tiempo de trabajo.

En el capítulo sobre espiritualidad, hablamos sobre la carrera de la rata. No solo es la norma cultural para muchos, sino que es una trampa.

Si sales todos los fines de semana y vives de sueldo en sueldo, no te queda más remedio que tolerar el trabajo en el que estás. Y ascender no resuelve el problema, porque tu estilo de vida tiende a ampliarse para ajustarse a tu salario.

Hay mucha gente con sueldos enormes que sigue atrapada en trabajos que odia, debido a cosas como las grandes hipotecas, los pagos del coche y las matrículas escolares. Eso es lo que ocurre cuando se lleva una vida materialista y siempre se está detrás de los acotencimientos.

La carrera de ratas sigue atrapando a la gente que no bebe alcohol. Si eres un bebedor habitual, no te estás dando ni una mínima oportunidad y menos por todas las razones económicas comentadas anteriormente en el libro.

Esto es lo que ocurre cuando intentas compaginar un trabajo con un estilo de vida festivo: Puede que odies el trabajo, pero lo toleras. Te pasas los fines de semana quejándote del trabajo, creyendo apasionadamente que "vales más para la empresa" y que tu retribución debería ser mayor.

Pero llega el lunes y vuelves a tu mesa. Estás demasiado hastiado y resacoso para hacer otra cosa que no sea seguir en la rueda del hámster. Necesitas el dinero y te pagan por aguantar la resaca un día entre semana, así que no puede ser tan malo, ¿verdad?

Es malo. Es especialmente malo si dejas pasar años así. Eso es lo que yo hice y es lo que muchos otros hacen también.

¿Listo para romper el ciclo? Una vez más, la respuesta poderosa es dejar el alcohol.

Alcohol y trabajo: la receta para el desastre

Lo cierto es que el alcohol y ascender no son compatibles. Eso no quiere decir que no vayas a progresar o que no haya lugares de trabajo tóxicos donde la gente se las arregle para progresar y emborracharse al mismo tiempo. Pero, por regla general, alternar la borrachera con la resaca no es el camino para alcanzar tus objetivos profesionales.

Ser la "leyenda" de la oficina no es lo mismo que ser la superestrella de la oficina. Muchas trayectorias profesionales se han visto destruidas por la embriaguez en las noches de trabajo. Los fines de semana de angustia y preocupación por si te despiden ya son bastante malos, pero el daño a largo plazo es aún peor. La estupidez repetida en las noches de fiesta no te hace ganar nada más que una reputación y es casi seguro que ralentizará tu progreso.

Mi primera salida nocturna de trabajo en el mundo de las finanzas fue anunciada como un concurso de oficina discreto. Por desgracia, asistí con la ansiedad de ser el nuevo y la incapacidad de dejar de beber.

Al final de la noche, me vi inmerso en un cubo de basura a la salida del pub. Ningún taxi quería llevarme a casa porque estaba demasiado destrozado. Por suerte, un viejo amigo del colegio trabajaba detrás de la barra y me llevó a casa con mis avergonzados padres (¡gracias, Karl!).

Este fue solo el primer día de mi carrera de 12 años en el mundo empresarial.

Mucha gente va a trabajar, no hace nada más que cumplir con el mínimo y aun así siente que le roban la promoción que merece. Yo lo hice durante años. Tampoco me costó encontrar compañeros con los que quejarme.

En muchos lugares de trabajo existe una cultura en la que la gente hace esto noche tras noche. Mantienen el negocio de los bares y pubs mientras beben y se quejan de la empresa. Por lo general, las personas que realmente reciben los ascensos no están en el bar con ellos y menos con tanta regularidad.

Quizá tengas mucho en común con tu grupo de la hora feliz de compañeros de trabajo. Pero, siendo realistas, es más probable que sus principales intereses comunes sean salir de fiesta y quejarse del jefe o de la cultura de la empresa.

Mientras vas de bar en bar a la oficina y viceversa, ves cómo otras personas te superan en sus carreras. Consiguen ascensos y responsabilidades adicionales o alcanzan sus objetivos de ventas con relativa facilidad. Te sientes frustrado porque lo hacen parecer tan fácil.

Si esto te resuena y eres un bebedor habitual, imagina una vida en la que nunca tengas una sola resaca. Imagínate cómo cambiarían las cosas.

Despega tu carrera como un cohete

Todo empieza por lo más sencillo. Cuando llegas puntual por las mañanas con un aspecto fresco, en lugar de llegar a las 9:05 con aspecto y olor a rancio, la gente se da cuenta.

Además, se siente bien. Los días que empiezan así suelen ser los mejores, como ya sabrás por esas mañanas en las que tienes las cosas claras. Cuando no bebes y nunca corres el riesgo de tener resaca, tienes muchos más días de trabajo buenos que malos. Así de sencillo.

Entonces todo empieza a complicarse, en el buen sentido.

¿Recuerdas la claridad mental y la cognición superrápida que obtienes al dejar el alcohol? Se acumula con el tiempo y transforma tu rendimiento en el trabajo. Tu memoria, tu poder de razonamiento y tu capacidad para procesar información mejoran notablemente (RenewalLodge, 2019).

Rápidamente pasas de ser el perezoso de la oficina al ninja de la oficina.

A medida que tus semanas de sobriedad se convierten en meses y años, todo empieza a convertirse en una bola de nieve. Las personas que importan notan el cambio en ti. Puedes seguir siendo la oveja negra en las fiestas de la oficina, pero destacar porque estás sobrio es mucho más atractivo que destacar porque vomitaste encima de tu jefe.

A medida que tu rendimiento y fiabilidad empiezan a hablar por sí solos, también ganas confianza para hablar por ti mismo. Tener verdadera fe en tus capacidades puede traducirse en proponerte ascensos o responsabilidades adicionales o buscar algo nuevo y diferente, más grande y mejor.

Eso puede incluir la decisión de montar un negocio y trabajar para ti mismo. Hasta ahora, en este capítulo hemos partido de la base de que eres un empleado que trabaja por cuenta ajena. No es el caso de todo el mundo.

En el Reino Unido, alrededor del 15% de los trabajadores son autónomos y la cifra va en aumento (Gov.uk, 2021).

Cabe señalar, en este punto, que muchas personas dirigen sus propios negocios, beben demasiado y participan en la misma carrera de ratas de trabajar duro y jugar duro. Si estás leyendo esto como alguien que ya dirige un negocio, puedo asegurarte que dejar de beber puede mejorar enormemente tu rendimiento y tus perspectivas.

Es perfectamente posible trabajar por cuenta propia y, aun así, seguir el ritmo y vivir para el fin de semana. Puede que sientas que estás aguantando si mantienes un negocio a flote, pero un empresario borracho o con resaca comete los mismos errores que un empleado borracho o con resaca. En algunos casos, las consecuencias pueden ser peores, porque no hay nadie que te dirija y se asegure de que haces las cosas bien.

Claro, puede que tus jefes no se den cuenta de que tienes resaca, pero tienes clientes. Ellos también se dan cuenta de cosas como la falta de puntualidad, la falta de concentración y el aliento a cerveza.

Como ya hemos dicho, beber con regularidad destruye tu confianza y tu función cognitiva. Esto puede significar que no tengas el coraje de promocionarte con audacia o la claridad necesaria para proponer un negocio complicado y rentable. Beber acaba con tu motivación y te conformas con hacer lo que tienes que hacer, en lugar de lo que realmente eres capaz de hacer.

Dejar de beber te da tiempo, energía y confianza para crear tu propia empresa o para redoblar tus esfuerzos en las que ya tienes.

Hay dos formas de dejar de pertenecer a la miserable mayoría de personas que temen el lunes por la mañana. Ambas son accesibles para ti en la sobriedad. Puedes empezar a sobresalir como empleado, escalando posiciones y cosechando los beneficios o puedes decidir independizarte.

Una vez que te quites el alcohol, existe la posibilidad de que descubras, como me pasó a mí, que odias tu trabajo corporativo. Por suerte, la sobriedad te da el poder de elegir conscientemente un trabajo mejor o de poner en marcha el negocio de tus sueños.

Una encuesta reciente mostró que el 62% de las personas quieren iniciar negocios propios (Vista, 2018). Muchas menos personas realmente lo hacen, a menudo debido a la falta de tiempo, confianza o dinero.

¡Es una buena noticia que el tiempo, la confianza y el dinero sean todas cosas que ganas cuando dejas de beber!

Empezar un negocio nunca es fácil, pero la forma más segura de hacerlo imposiblemente difícil es tener resaca y estar quebrado, con un cerebro que nunca funciona a pleno rendimiento. Cuando funcionas a pleno rendimiento, con una claridad radical y un alto nivel de resiliencia, todo es posible.

Decidir dejar el alcohol solo trae buenas noticias para tus negocios y perspectivas profesionales. En las comunidades sobrias se ve constantemente a personas que crean empresas con las que llevaban mucho tiempo soñando, consiguen grandes ascensos y se sorprenden a sí mismas alcanzando metas que antes se convencían a sí mismas de que eran inalcanzables.

No desperdicies tu vida laboral haciendo un trabajo que odias. Atrévete a soñar. Levantarse fresco y sin resaca es siempre una sensación fantástica. Levantarse el lunes por la mañana inspirado y entusiasmado por ganarse la vida es aún mejor.

Vivir solo para el fin de semana es un trágico desperdicio. La mayor parte de tu vida es el resto del tiempo. Te debes a ti mismo disfrutarlo también.

Capítulo 8:

El mundo de los ebrios

Hemos hablado de tu salud, tus relaciones, tu alma, tu carrera y de un sinfín de cosas que mejoran y se transforman cuando dejas de beber.

Sin embargo, el hecho es que vivimos en un mundo de ebrios. Y eso no cambia mágicamente solo porque tú lo hagas.

Cada vez más gente opta por un estilo de vida sobrio, pero seguimos teniendo una sociedad que parece "funcionar con alcohol". El condicionamiento es profundo, así que es inevitable que sigas encontrándote en ambientes en los que todo gira en torno a la bebida.

Cuántas veces has oído decir "no con fíes en la gente que no bebe alcohol" o "antes pensaba que beber era malo para mí, así que dejé de pensar". Este planeta está completamente jodido cuando se trata de entender lo peligroso que puede llegar a ser el alcohol.

En última instancia, tienes que adaptarte a no beber alcohol en esos entornos o encontrar entornos diferentes que sean más compatibles con la versión transformada de ti. La buena noticia es que esos entornos existen, pero puede que tengas que trabajar un poco para encontrarlos.

En este capítulo final, examinamos el condicionamiento social que creó este planeta borracho. Además de enseñarte cómo prosperar en la sobriedad, es probable que también te proporcione cierta tranquilidad. Si hasta ahora te has encontrado atrapado en un bucle de retroalimentación poco saludable, en realidad no es culpa tuya. Las probabilidades estaban en tu contra desde el principio.

Hay un dicho que dice que "si pasas mucho tiempo en la barbería, tarde o temprano te cortarán el pelo".

Del mismo modo, si estás mucho tiempo en bares y pubs, tarde o temprano te emborracharás. Y, si eres curioso y propenso a la tentación, es probable que las drogas también te encuentren a ti. Están por todas partes (y me refiero a todas partes).

Una descripción más precisa es que si pasas el tiempo suficiente en bares y pubs, te emborracharás o drogarás, te arrepentirás durante el día, la semana, el mes o el año siguiente, estarás quebrado, te sentirás mal, pedirás comida para llevar, faltarás al gimnasio la semana siguiente, cometerás errores en el trabajo y te sentirás deprimido, ansioso y sin alma.

Lo más descabellado es que millones de personas lo hacen todo el tiempo y luego lo enmarcan en una buena noche. Es lo que haces tú, es lo que hace todo el mundo y se considera "normal".

El mundo de losebrios

En un mundo en el que los pubs y los bares son los lugares por defecto para la diversión y la relajación de los adultos, no es de extrañar que la gente acabe en un ciclo insano. Ese ciclo se apoderó de mí durante 17 años.

Ese condicionamiento social tiene mucho de culpa.

Casi te sientes obligado a llamarlo una buena noche. Es lo que se espera de ti. Internet está plagado de memes y chistes sobre resacas y borracheras.

Pero si analizas en qué consistió esa buena noche y cómo te sentiste después, ¿fue realmente buena? Probablemente no.

Veamos algunas situaciones en torno a la cultura de la bebida y cómo forma parte fundamental de la vida cotidiana. Después, veremos cómo hacer las cosas de una forma más evolucionada, sana y gratificante.

Pongámonos hasta el culo

Pasé tres años en la universidad y casi todos los días me ponía hasta el culo. A menudo vomitaba después de una noche de fiesta y apenas me acordaba de algo, pero eso se consideraba "normal". Formaba parte de la experiencia universitaria y, sí, junto con muchos otros, me convencí a mí mismo, en aquel momento, de que era divertido.

Los desmayos, los vómitos excesivos y el comportamiento idiota no deberían considerarse normales a ninguna edad. Pero, como hemos visto, vivimos en un mundo de ebrios. En el Reino Unido, y en muchos otros países, emborracharse y divertirse es lo que se supone que hay que hacer cuando se es joven, salvaje y libre.

Hoy en día, cuando la gente me pregunta si me divertí en la universidad, dudo en contestar "sí". Los desmayos, los vómitos, las deudas y un 2:1 en Dirección de Empresas apenas valen la pena en comparación con mis logros sobrios.

No quiero parecer un sobrio aburrido, así que reconoceré que la vida estudiantil me enseñó valiosas habilidades para socializar con la gente. Pero todo giraba en torno al alcohol y las drogas. Incluso las jornadas deportivas de los miércoles iban seguidas de noches de borrachera en el "*Athletic Union*".

Ese patrón de emborracharse después de hacer deporte siempre ha existido. Un patrón que se puede ver en los clubes de rugby, de hockey, de remo, de atletismo, de fútbol, de golf, de cricket, de tenis, de bolos y la lista continúa.

Ni siquiera hemos mencionado las locas iniciaciones a la bebida que tienen lugar en algunos de estos clubes deportivos. Al parecer, beber en exceso de una bota vieja y sucia mientras se corre desnudo por el campo es una forma de aceptación.

En mi segundo año en la universidad, me eligieron representante de la primera semana. Mi función consistía en cuidar de los novatos durante la primera semana de su vida universitaria. El trabajo consistía en emborrachar al máximo a los recién llegados durante siete noches seguidas. Todo ello avalado por la Universidad.

Si hiciera falta una prueba de que la cultura del alcohol está realmente arraigada en las universidades, el papel de representante de la primera semana es supuestamente uno de los más codiciados en la vida estudiantil. Estos rituales y ritos de iniciación presentan la bebida como un elixir de la vida que todo lo abarca y generación tras generación de estudiantes llegan a la edad adulta con la enseñanza de que eso es normal.

La universidad es solo un entorno donde la cultura del alcohol es endémica. Hay muchos más, como las vacaciones de borrachera.

Si has crecido en el Reino Unido, es posible que hayas oído hablar de las famosas vacaciones. Y lo que es aún mejor, puede que hayas ido a alguna y aún te estés arrepintiendo de esa aventura de una noche o de esos juegos sexuales en los que te obligaron a participar.

A los británicos les encanta ir al extranjero, ponerse hasta el culo todas las noches, comer en el pub irlandés local y luego volver a casa para hacerlo todo de nuevo en un clima mucho más frío. Así pasaba yo mis vacaciones entre los 17 y los 25 años.

La cultura de las vacaciones y la bebida excesiva era tan mala que había empresas de viajes que ganaban dinero con ello. La gente se pasaba una semana bebiendo sin sentido, vomitando, contrayendo múltiples ITS, estrellándose con motos alquiladas, comiendo McDonald's y volvía a casa diciendo que había sido divertido.

Incluso cuando fui a Las Vegas, Ibiza y Cancún para lo que yo creía que eran unas vacaciones maduras, el alcohol seguía fluyendo y las drogas se convirtieron en una parte más importante de la experiencia. A medida que me hacía mayor, las resacas empeoraban y las vacaciones se me hacían cada vez más pesadas.

Cansados de las vacaciones culturales británicas, decidimos ir a Cancún para las vacaciones de primavera al estilo estadounidense. Pensábamos que serían unas semanas más fáciles, pero resulta que los americanos beben tanto como nosotros.

Lo peor del viaje es que estuvimos dos semanas enteras. Yo tenía casi 30 años y mi hígado estaba al borde de una explosión nuclear después de dos días.

La conclusión es que no importa dónde vayas, ¡la cultura de las vacaciones con alcohol es algo global! Sí, me lo pasé bien en esas vacaciones, pero ahora me doy cuenta de que no podía beber como los demás. Los vómitos, las pérdidas de conocimiento y las estupideces me perseguían donde fuera y no era nada relajante.

Ahora echemos un vistazo a otro ejemplo de cultura alimentada por el alcohol. El lugar de trabajo.

El mundo del trabajo manual tiene una cultura del alcohol y las drogas. Una vez más, se formó debido a generaciones de personas que hacían las mismas cosas. Se considera normal terminar un trabajo a las 3 de la tarde y luego ir al bar a gastar la mayor parte del sueldo del día en alcohol y drogas.

Llegar al día siguiente con resaca es algo esperado y ampliamente aceptado. El círculo trabajo - bebida - resaca - repetición no es más que el día a día de la vida normal para mucha gente.

Lo mismo ocurre en gran parte del mundo empresarial. De hecho, para muchos, entrar en ese entorno simplemente supone una forma de continuar y desarrollar los hábitos aprendidos en la universidad.

Los grupos empresariales beben para celebrar las victorias y lamentar las derrotas. Beben por los cumpleaños, para dar la bienvenida a los nuevos empleados o para despedir a los que se van. Hay conferencias, tragos en equipo, almuerzos de negocios con clientes, días fuera de la empresa y eventos para fomentar el espíritu del trabajo en equipo.

No todas las oficinas son iguales, pero gran parte de lo anterior suele aplicarse. Algunos sectores son especialmente duros. El mundo de la publicidad tiene fama desde hace tiempo de ser extremadamente bebedor. Algunas empresas ofrecen acceso a centros de rehabilitación debido a la naturaleza del trabajo.

La cultura corporativa de la bebida fue un desastre para mí. Cuando tienes el tipo de relación con el alcohol que yo tenía, el acceso constante a él hacía muy difícil salir adelante. El alcohol saca lo peor de mí y a menudo tenía la sensación de estar caminando sobre arena movediza ante cualquiera que tuviera el poder de despedirme.

No tiene sentido que se fomente tanto el consumo de alcohol y, sin embargo, el exceso siga siendo tabú y esté mal visto. Pero en el mundo de los ebrios, se espera que todo el mundo camine por una línea increíblemente delicada: beber para encajar, pero siempre la cantidad exacta para no pasarse de la raya y hacer alguna tontería. Eso no es factible con una droga adictiva que compromete tu juicio.

Si quieres ver lo extendido que está este problema, echa un vistazo a estas estadísticas sobre las fiestas de Navidad en el trabajo. Según una encuesta, el 89% de los británicos reconoció haberse emborrachado en estos eventos y el 65% afirmó que su comportamiento se vio afectado de forma negativa. El 45% admitió haber hecho el ridículo y un asombroso 9% había sido despedido o sancionado después de la fiesta (Roberts, 2018).

Dejando a un lado el hecho de que casi una de cada diez personas haya perdido su empleo por la fiesta de navidad del trabajo, esas cifras demuestran que muchísimos trabajadores se arrepienten de las cosas que hacen después de unas copas. Parece probable que, en todo el mundo, millones de personas destrocen sus vacaciones de Navidad sintiéndose ansiosos y avergonzados, o preguntándose si los despedirán en año nuevo.

Pero, una vez más, beber es lo que ocurre en el entorno laboral porque es lo que siempre ha ocurrido.

Por lo tanto, esto incluye el lugar de trabajo. Ya se trate de trabajadores de cuello blanco o de obreros, lo más probable es que la cultura del alcohol esté muy arraigada.

Por desgracia, la cosa empeora. La exposición a la cultura del alcohol suele producirse mucho antes de llegar a la universidad o al lugar de trabajo.

Mis padres iban a pubs y discotecas y sus padres también. En el colegio, los padres de mis amigos, como los míos, iban a bares y discotecas y también los padres de ellos. No es de extrañar, ¡todos viven en este mundo!

El resultado es que crecemos dándonos cuenta, asimilándolo todo y viéndolo como algo normal. Para muchos es normal, es lo que hace la gente.

¿Es algo sabio o saludable? No.

¿Hace felices a todas esas personas? No.

¿El alcohol le sienta bien a todo el mundo? Por supuesto que no.

Pero a menudo es el entorno en el que crecen las personas, lo que significa que llegan a la edad adulta sin saber nada diferente.

¿Se propusieron mis padres a criar a un adicto? Por supuesto que no, pero hubo algunos factores ambientales en juego que escapaban de su control.

Provengo de una familia italiana. El vino forma parte de la cultura italiana desde hace generaciones. Mi abuela tiene 94 años y aún no se cree que no pueda tomarme una sola copa. No beber es un concepto extraño para ella, ya que beber y divertirse también era algo importante para su generación.

De hecho me dijo, a sus 94 años: "¿Cómo te diviertes si no bebes?".

No estoy diciendo que mi Nonna sea el problema. Ella se crió dentro de esa cultura del alcohol, como millones de personas más. También existe el argumento de que, si tiene 94 años y sigue con fuerzas, ¿cuál es el problema con el alcohol?

La respuesta es sencilla: el alcohol no afecta a todo el mundo de la misma manera. Algunas personas no toman más de una copa por vez. Para otros, como yo, es como encender la mecha o apostarlo todo al negro.

No se trata de nadie más, sino de tu relación con el alcohol. Es poco probable que estuvieras leyendo esto si pensaras que puedes dejarlo cuando quieras. Cuando el alcohol es una muleta emocional, se convierte en algo extremadamente negativo. Está muy lejos de una copa de vino y de la buena vida que representa.

No solo los italianos tienen el alcohol profundamente arraigado en su identidad nacional. Francia es conocida por su vino y su champán, Escocia por su whisky e Irlanda por su

Guinness. Es casi lo primero en lo que uno piensa cuando alguien menciona alguno.

Como puedes ver, mi propio entorno siempre estuvo muy "centrado en el alcohol". Desde la infancia, pasando por la universidad y el mundo empresarial, el alcohol estaba en todas partes.

La cultura del alcohol se abre camino en muchos entornos más allá de la familia, la educación y el trabajo. Pensemos en el mundo del deporte.

Aparte de los atletas que realmente participan, muchas de las personas que están al margen, los aficionados y los espectadores, tienden a beber como parte de la experiencia. Ir al fútbol suele empezar con cervezas y acabar con más cervezas. Los comportamientos de embriaguez suelen aparecer en las noticias después de los grandes torneos.

Una vez más, se trata de un condicionamiento cultural. Si uno ama a su equipo, ¿qué tendría de malo ir a disfrutar de un partido sin beber? ¿Sería demasiado cínico sugerir que, para muchos aficionados al fútbol, no se trata tanto del amor al juego como de la excusa para emborracharse cada fin de semana?

El problema es que la mayoría de la gente prefiere seguir a la multitud que ser fichado como la oveja negra. Incluso si, en el fondo, no nos gusta mucho beber y odiamos las consecuencias, puede parecer más fácil seguir la corriente.

Con el tiempo, llegamos a ver el mundo de los ebrios como el mundo normal. El problema es que la ansiedad, los dolores de cabeza, las carteras vacías, la depresión, los vómitos, la culpa, la vergüenza y todos los demás aspectos negativos de la bebida habitual también se convierten en normales.

No es normal. Es completamente MENTAL.

Eres tu entorno

Sin embargo, también tienes que ser consciente de esos factores medioambientales y de cómo existen generaciones de condicionamientos culturales. Sin ser consciente de eso, eres vulnerable a ser arrastrado de nuevo. Después de todo, todo es normal, ¿no?

Echa un vistazo a esta cita de W. Clement Stone, autor de autoayuda, filántropo de la salud mental y pionero de la actitud mental positiva:

"Eres un producto de tu entorno. Así que elige el entorno que mejor te lleve a alcanzar tu objetivo. Analiza tu vida en función de su entorno. ¿Las cosas que te rodean te ayudan a alcanzar el éxito o te frenan?".

Esto no significa que tengas que dejar de beber y abandonar a tu familia, tus amigos, tu carrera y tu equipo deportivo favorito. Sin embargo, tiene mucho sentido hacer un examen de conciencia.

Pregúntate lo siguiente:

- ¿La cultura del alcohol en tu lugar de trabajo te está impidiendo conseguir un ascenso, un aumento de sueldo o un bono?

- ¿Estás tolerando tu trabajo actual porque te permite "librarte" del ciclo trabajo-bebida-quejarse-resaca-volver a trabajar?

- ¿Son tus compañeros de fútbol, tu grupo del brunch sin fondo o tus amigos de discoteca los causantes de que te mantengas en un patrón de excesos y remordimientos?

- ¿Hay amigos o familiares que te incitan o animan a beber o que no apoyan tus esfuerzos por hacer otras cosas?

Las respuestas a este tipo de preguntas te proporcionan pistas valiosas sobre lo que podrías cambiar de los entornos en los que te desenvuelves.

El alcohol está en todas partes, pero no tienes por qué decirle "sí". Ya en el tercer capítulo hablamos del poder de decir "no" a los amigos si no te apetecen ciertas salidas nocturnas.

Si quieres, puedes seguir en los mismos ambientes y mantenerte sobrio. Dejar de beber no significa cambiar todos los aspectos de tu vida y es poco probable que tengas que hacerlo.

Sin embargo, algunos ambientes especialmente para ebrios dejarán inevitablemente de parecerte tan atractivos, ya sea porque ya no te atraen o porque un grupo en particular acepta menos a tu versión sobria.

En realidad, eso es bueno. Te da la oportunidad de entrar en círculos de personas que te aceptan plenamente a ti y a tu sobriedad. Y el caso es que hay muchos. Cuando estás absorbido por la cultura del alcohol o escondiéndote con resaca del mundo es fácil no fijarse en ellos. Además, ¡no suelen anunciar su existencia a los bebedores empedernidos!

Trabajé en el mundo empresarial durante 12 años, pero nunca he sido tan feliz como cuando lo dejé para convertirme en entrenador de fuerza y acondicionamiento. De repente me encontré en un mundo en el que no beber se alaba por motivos de salud, en lugar de considerarse aburrido o anormal.

Ese simple cambio de entorno puso patas arriba lo normal.

Cambié pubs y discotecas por gimnasios y librerías. Como resultado, mi vida dio un enorme salto adelante en términos de crecimiento personal. Paso tiempo en clubes de golf, parques y cafeterías, con otras personas sobrias y con gente que sigue bebiendo, pero que respeta mi vida sin alcohol.

Hay muchos espacios para sobrios en este mundo de ebrios. Hay entornos para sobrios llenos de gente que comparte tus intereses y pasiones. Hay espacios para sobrios poblados de gente que es más que capaz de divertirse. También hay muchos lugares donde los no bebedores se mezclan alegremente con los bebedores ocasionales.

Hay mucho mundo por explorar.

Aunque a menudo da la sensación de que gran parte de la vida adulta gira en torno a la bebida, hay mucha gente que no está atrapada en un ciclo constante de beber.

En 2019, la Encuesta Nacional sobre Uso de Drogas y Salud de Estados Unidos preguntó a los adultos si habían bebido alcohol en el mes anterior. El 54,9% lo había hecho, pero eso deja un 45,1% que no lo había hecho. El 30,5% no había bebido en todo el año anterior (NIH, 2022).

Esto significa que hay muchísimas personas que no beben en absoluto o que solo lo hacen ocasionalmente.

Conseguir un entorno adecuado es una clave importante para mantenerse sobrio en un mundo de ebrios. Como se ha demostrado en este capítulo, no es de extrañar que la gente siga a la manada hacia los lugares más obvios y las formas culturalmente arraigadas de divertirse. A menudo han seguido a sus familias, a sus amigos y a sus compañeros de trabajo, haciendo cosas normales, a veces con un enorme costo personal.

"Normal" no significa "correcto". Y los datos demuestran que millones de personas disfrutan de una normalidad muy diferente.

Tú puedes ser uno de ellos y te recibirán con los brazos abiertos.

Conclusión

Justo al principio de este libro, mencioné lo importante que es reformular la idea de renunciar al alcohol. Ese lenguaje implica que estás renunciando a algo deseable, que por estar sobrio en un mundo de ebrios, de alguna manera pierdes algo que vale la pena tener.

Gracias al papel profundamente arraigado del alcohol en la vida adulta, no es de extrañar que la gente caiga en eso. Por eso muchos siguen haciendo algo que saben que es perjudicial porque sienten que se lo perderán si lo dejan.

Pero la vida no se acaba cuando te vuelves sobrio. La vida cambia. La vida es diferente. La vida es mejor.

Quizá si este mundo de ebrios fuera un lugar más honesto, todo se plantearía de otra manera.

Qué tal si empezamos a decir:

- "Renuncio a tener sobrepeso".
- "Renuncio a estar ansioso y deprimido".
- "Renuncio a tomar decisiones estúpidas".
- "Renuncio a mi carrera sin alma".
- "Renuncio a los dolores de cabeza y las náuseas".
- "Renuncio a mis relaciones tóxicas".
- "Renuncio a estar quebrado una semana después de cada día de paga".
- "Renuncio a seguir lo que la sociedad dice que es 'divertido' y me hago dueño de mi propia felicidad".

Todas ellas son propuestas mucho más atractivas y reflejan mucho mejor lo que implica realmente estar sobrio en un mundo de ebrios.

Conclusión

Como he dicho antes, Sean sobrio y Sean ebrio son personas completamente diferentes. Pero no conocí a Sean Sobrio hasta que dejé de beber y comencé mi recuperación del alcohol y las drogas.

El contraste entre quién soy ahora y quién era entonces es drástico. La persona que ahora salta de la cama dispuesta a reunirse con un cliente de entrenamiento personal apenas reconoce al zombi que estaba permanentemente enfermo, con sobrepeso y endeudado por comprar alcohol y cocaína.

Sin duda toqué fondo, pero no es obligatorio hacerlo antes de empezar tu propia recuperación. De hecho, seguramente es mejor no hacerlo.

Si aceptas que vas por mal camino, ¿por qué esperar a recorrerlo más antes de actuar? Como dijo Einstein: "locura es hacer lo mismo una y otra vez y esperar resultados diferentes".

Con esto en mente, ¿por qué no probar la vida sobria ahora? Nunca he conocido a nadie que se arrepienta de haberse vuelto sobrio, pero si acabas siendo la excepción, tu antigua vida seguirá ahí esperándote si eso es lo que quieres.

Transformarse de "tu yo ebrio" a "tu yo sobrio" no es algo instantáneo. La vida es diferente y habrá un periodo de adaptación. La diversión se redefine. Es probable que tu nueva vida esté llena de personas diferentes, aficiones y actividades y prioridades diferentes.

Esto quizás te asuste, pero también es increíblemente emocionante. La vida sobria es más sana y está llena de naturaleza, gratitud y nuevas experiencias.

Como dijo una vez Thomas Jefferson: "Si quieres algo que nunca has tenido, debes estar dispuesto a hacer algo que nunca has hecho".

Si la sobriedad te permite tener todas las cosas que siempre has querido, entonces seguro que vale la pena intentarlo.

Conclusión

Ya que estamos hablando de renunciar a cosas, ¿por qué no lo replanteamos y nos fijamos en a qué renuncias si NO intentas vivir sobrio?

- Renuncias a la oportunidad de que por fin te guste lo que ves en el espejo.

- Renuncias a la oportunidad de perder peso y ganar masa muscular.

- Renuncias al "resplandor de la sobriedad" y a la piel clara.

- Renuncias a una forma científicamente probada de mejorar tu salud mental y física.

- Renuncias a una forma de reducir drásticamente las probabilidades de sufrir una serie de enfermedades, desde las que destruyen tu calidad de vida hasta las que podrían acortarla.

- Renuncias a tomar mejores decisiones.

- Renuncias a tener una enorme cantidad de dinero extra para gastar.

- Renuncias a tener mejores relaciones con tu pareja, tus amigos, tus hijos y tu familia.

- Renuncias a la oportunidad de salir con personas con las que tienes una afinidad genuina y sobria.

- Renuncias a tener relaciones sexuales satisfactorias, cariñosas y sobrias.

- Renuncias a la oportunidad de conocer a tu verdadera "tribu": las personas con las que tienes más en común que el amor por el estilo de vida "fiestero".

- Renuncias al crecimiento personal.

- Renuncias a la oportunidad de conectar con tu lado espiritual y alimentar tu alma.

- Renuncias a la oportunidad de descubrir qué puede significar realmente la "diversión". Cambias la emoción genuina e infantil de hacer cosas que te gustan por la repetitiva monotonía "adulta" de esperar

Conclusión

> encontrar la diversión en una lata o una botella.

- Renuncias a construir un negocio o una carrera que te inspire cada día y te quedas en la rueda del hámster con la mayoría de la gente.

Son muchas cosas a las que renunciar cuando la alternativa es renunciar a una sola cosa: el alcohol.

Al llegar al final de este libro, espero que puedas ver por ti mismo que la sobriedad realmente puede cumplir todo lo que el alcohol solo prometía. Y que dejar el alcohol realmente puede ser el atajo inesperado para llegar a estar sano, feliz y libre económicamente.

Si has disfrutado leyendo Sobrio en un Mundo de Ebrios: Renunciando al Alcohol, te estaría increíblemente agradecido si pudieras dejar una reseña en Amazon, aunque solo fueran una fras.

Gracias por leernos.

Deja una reseña con solo un clic

Si has disfrutado leyendo este libro, te estaría increíblemente agradecido si pudieras dejar una breve reseña utilizando el código QR de abajo, donde serás dirigido a la página de reseñas de Amazon.

Referencias bibliográficas, citas y recursos

Los siguientes recursos pueden resultarte útiles:

Contador de unidades de alcohol y calorías de DrinkAware:
https://www.drinkaware.co.uk/tools/unit-and-calorie-calculator

Herramienta de autoevaluación de DrinkAware para evaluar tu consumo de alcohol:
https://www.drinkaware.co.uk/tools/self-assessment

Guía del NHS británico sobre el consumo abusivo de alcohol:
https://www.nhs.uk/conditions/alcohol-misuse/

Guía de los CDC de EE.UU. sobre alcohol y salud pública:
https://www.cdc.gov/alcohol/faqs.htm

Lista de grupos de apoyo a la adicción al alcohol en EE.UU.:
https://www.healthline.com/health/alcohol-addiction-support-groups

Apoyo para la adicción en el NHS británico:
https://www.nhs.uk/live-well/healthy-body/drug-addiction-getting-help/

Apoyo específico para el alcohol en el Reino Unido:
https://www.nhs.uk/live-well/alcohol-support/

Introducción

The Guardian. (2018, October 10). Nearly 30% of youngpeople in England do notdrink, studyfinds. Disponible en https://www.theguardian.com/society/2018/oct/10/young-people-drinking-alcohol-study-england

The Economist. (2019, June 25). What is the most dangerous drug? Disponible en https://www.economist.com/graphic-

detail/2019/06/25/what-is-the-most-dangerous-drug

Capítulo 1

NHS UK. What should my daily in take of calories be? Disponible en https://www.nhs.uk/common-health-questions/food-and-diet/what-should-my-daily-intake-of-calories-be/

Drinkaware. Alcohol and sugar. Disponible en https://www.drinkaware.co.uk/facts/health-effects-of-alcohol/effects-on-the-body/alcohol-and-sugar

Fazzino, T.L, Fleming, K, Sher, K, Sullivan, D, Befort, C. (2017). Heavy Drinking in Young AdulthoodIncreasesRisk of Transitioning to Obesity. PMCJournal, 53(2), 169-175. Disponible en https://www.ncbi.nlm.nih.gov/pmc/articles/PMC5522652/

Drinkaware. Calories in alcohol. Disponible en https://www.drinkaware.co.uk/facts/health-

effects-of-alcohol/alcohol-and-calories/calories-in-alcohol

NHS UK. Calories in alcohol. Disponible en https://www.nhs.uk/live-well/alcohol-support/calories-in-alcohol/

Drinkaware. Unit and caloriecounter. Disponible en https://www.drinkaware.co.uk/tools/unit-and-calorie-calculator

Tremblay, A, St-Pierre, S. (1996, April 1). The hyperphagiceffect of a high-fatdiet and alcohol intakepersists after control forenergydensity. Disponible en https://academic.oup.com/ajcn/article/63/4/479/4651176

McDonald's. Big Mac Combo Meal. Disponible en https://www.mcdonalds.com/us/en-us/meal/big-mac-meal.html

Parr, E, Carmera, D, Areta, J, Burke, L, Philips, S, Hawley, J, Coffey, V. (2014). Alcohol IngestionImpairsMaximal Post-Exercise Rates of MyofibrillarProteinSynthesisfollowing a SingleBout of Concurrent Training. PlosOne, 10.1371. Disponible en
https://journals.plos.org/plosone/article?id=10.1371/journal.pone.0088384

Wasylenko, J. 10 ReasonsWhyExerciseMakesYouHappier. Disponible en
https://www.lifehack.org/articles/lifestyle/10-reasons-why-exercise-makes-you-happier.html

Silver Maple Recovery. WhyYouCraveSweetsWhenYou Stop Drinking. Disponible en
https://www.silvermaplerecovery.com/blog/sugar-cravings-after-quitting-alcohol/

WebMD (2020, April 14). HowDrinking Alcohol AffectsYour Skin. Disponible en https://www.webmd.com/mental-health/addiction/ss/slideshow-alcohol-skin

Pan, J., Cen, L., Chen, W., Yu, C., Li, Y., & Shen, Z. (2019). Alcohol Consumption and theRisk of GastroesophagealRefluxDisease: A SystematicReview and Meta-analysis. Alcohol and alcoholism (Oxford, Oxfordshire), 54(1), 62–69. https://doi.org/10.1093/alcalc/agy063

NHS UK. Heart Burn and AcidReflux. Disponible en https://www.nhs.uk/conditions/heartburn-and-acid-reflux/

Libbert, L (2021, June 11). What alcohol can do to yourmidlifeguthealth. Disponible en https://www.telegraph.co.uk/health-fitness/body/glass-red-wine-can-good-gut-stick-one/

RecoveryNutrition (2021, June 25). How to agewell - thegut / inflammationlink. Disponible en https://www.recovery-nutrition.co.uk/blog/how-to-age-well-the-gut-chronic-inflammation-link

Mind And Body Works. The Gut-BrainConnection: The relationship to emotions and managing stress. Disponible en
https://mindandbodyworks.com/the-gut-brain-connection-the-relationship-to-emotions-and-managing-stress/

World Health Organization (2018, September 21). Harmful use of alcohol kills more than 3 millionpeopleeachyear, most of themmen. Disponible en
https://www.who.int/news/item/21-09-2018-harmful-use-of-alcohol-kills-more-than-3-million-people-each-year--most-of-them-men

Drinkaware. Alcohol Withdrawal. Disponible en
https://www.drinkaware.co.uk/facts/health-effects-of-alcohol/mental-health/alcohol-withdrawal-symptoms

CDC. Alcohol Use and Your Health. Disponible en https://www.cdc.gov/alcohol/fact-sheets/alcohol-use.htm

Therrien, A (2018, April 13). Regular excessdrinking can takeyears off yourlife, studyfinds. Disponible en https://www.bbc.co.uk/news/health-43738644

Healthline. Is Alcohol a Stimulant? Disponible en https://www.healthline.com/nutrition/is-alcohol-a-stimulant

Addiction Center. Is Alcohol A Depressant? https://www.addictioncenter.com/alcohol/is-alcohol-a-depressant/

Buddy T (2020, October 1). Chronic Drinking Increases Cortisol Levels. Disponible en https://www.verywellmind.com/heavy-drinking-increases-stress-hormone-63201#

Loria, K (2017, January 1). Everythingweknowabouthangovers — and whatyou can do to makethepaingoaway.

Disponible en https://www.businessinsider.com/how-to-fix-cure-deal-with-a-hangover-2016-12?r=US&IR=T

WebMD (2020, December 13). What Is Cortisol? Disponible en https://www.webmd.com/a-to-z-guides/what-is-cortisol

Hayes, A (2018, August 29). How stress sabotagesmusclebuilding and weightlossgoals. Disponible en https://www.menshealth.com/uk/health/a759406/how-stress-sabotages-muscle-building-and-weight-loss-goals/

DeNoon, D (2006, August 28). Fog of AlcoholismClearsWithSobriety. Disponible en https://www.webmd.com/mental-health/addiction/news/20060828/fog-alcoholism-clears-sobriety

Masterson, L (2022, February 10). DrunkDrivingStatistics 2022. Disponible en https://www.forbes.com/advisor/car-insurance/drunk-driving-statistics/

Capítulo 2

Calic, N (2022, January 27). DebtStatisticsUKEdition [2022]. Disponible en <https://cybercrew.uk/blog/debt-statistics-uk/>

The Calculator Site. CompoundInterestCalculator. Disponible en <https://www.thecalculatorsite.com/finance/calculators/compoundinterestcalculator.php>

Capítulo 3

NHS. Alcohol Misuse - Risks. Disponible en <https://www.nhs.uk/conditions/alcohol-misuse/risks/>

Iliades, C (2012, January 4). WhyBoozing Can Be BadforYour Sex Life. Disponible en <https://www.everydayhealth.com/erectile-dysfunction/why-boozing-can-be-bad-for-your-sex-life.aspx>

Healthline. Why Am I Dry Down ThereAll of A Sudden? Disponible en
https://www.healthline.com/health/why-am-i-dry-down-there-all-of-a-sudden

Drinkaware. Is alcohol harmingyourfertility? Disponible en
https://www.drinkaware.co.uk/facts/health-effects-of-alcohol/alcohol-fertility-and-pregnancy/is-alcohol-harming-your-fertility

MentalHelp.net. WhatHappens to Children of AlcoholicParents? Disponible en
https://www.mentalhelp.net/parenting/what-happens-to-children-of-alcoholic-parents/

Capítulo 5

Oxford Languages. SpiritualityDictionaryDefinition. Disponible en
https://www.google.com/search?q=spirituality+dictionary+definition

Alcoholics Anonymous. FrequentlyAskedQuestions. Disponible en https://www.alcoholics-anonymous.org.uk/professionals/frequently-asked-questions

American OsteopathicAssociation. The Benefits of Yoga. Disponible en https://osteopathic.org/what-is-osteopathic-medicine/benefits-of-yoga/

The Good Body (2022, January 14). 41 YogaStatistics: DiscoverIts (Ever-increasing) Popularity. Disponible en https://www.thegoodbody.com/yoga-statistics/

FinancesOnline. 50 EssentialMeditationStatisticsfor 2022: Benefits, Technology&Practice Data. Disponible en https://financesonline.com/meditation-statistics/

The Good Body (2022, January 13). 27 MeditationStatistics: Data and

TrendsRevealedfor 2022. Disponible en https://www.thegoodbody.com/meditation-statistics

Capítulo 6

IWSR. No- and Low-Alcohol in Key Global MarketsReachesAlmost US$10 Billion in Value. Disponible en https://www.theiwsr.com/no-and-low-alcohol-in-key-global-markets-reaches-almost-us10-billion-in-value/

Capítulo 7

Clifton, J (2017, June 13). The World'sBrokenWorkplace. Disponible en https://news.gallup.com/opinion/chairman/212045/world-broken-workplace.aspx

RenewalLodge (2019, August 14). 5 WaysQuittingDrinkingAffectsYourBrain. Disponible en https://www.renewallodge.com/5-ways-quitting-drinking-affects-your-brain/

Gov.UK (2021, November 29). Self-employment. Disponible en https://www.ethnicity-facts-figures.service.gov.uk/work-pay-and-benefits/employment/self-employment/

Vista (2018, January 15). Expectations vs. reality: what'sitreallylike to goitalone?.Disponible en https://news.vistaprint.com/expectations-vs-reality

Capítulo 8

Roberts, J (2018, December 5). One in 10 peoplefiredordisciplinedfor Christmas partymayhem. Disponible en https://metro.co.uk/2018/12/05/one-10-people-fired-disciplined-christmas-party-mayhem-8210628/

NIH National Institute on Alcohol Abuse and Alcoholism (2022, March). Alcohol Facts and Statistics. Disponible en https://www.niaaa.nih.gov/publications/brochures-and-fact-sheets/alcohol-facts-and-statistics

www.ingramcontent.com/pod-product-compliance
Lightning Source LLC
Chambersburg PA
CBHW020107240426
43661CB00002B/59